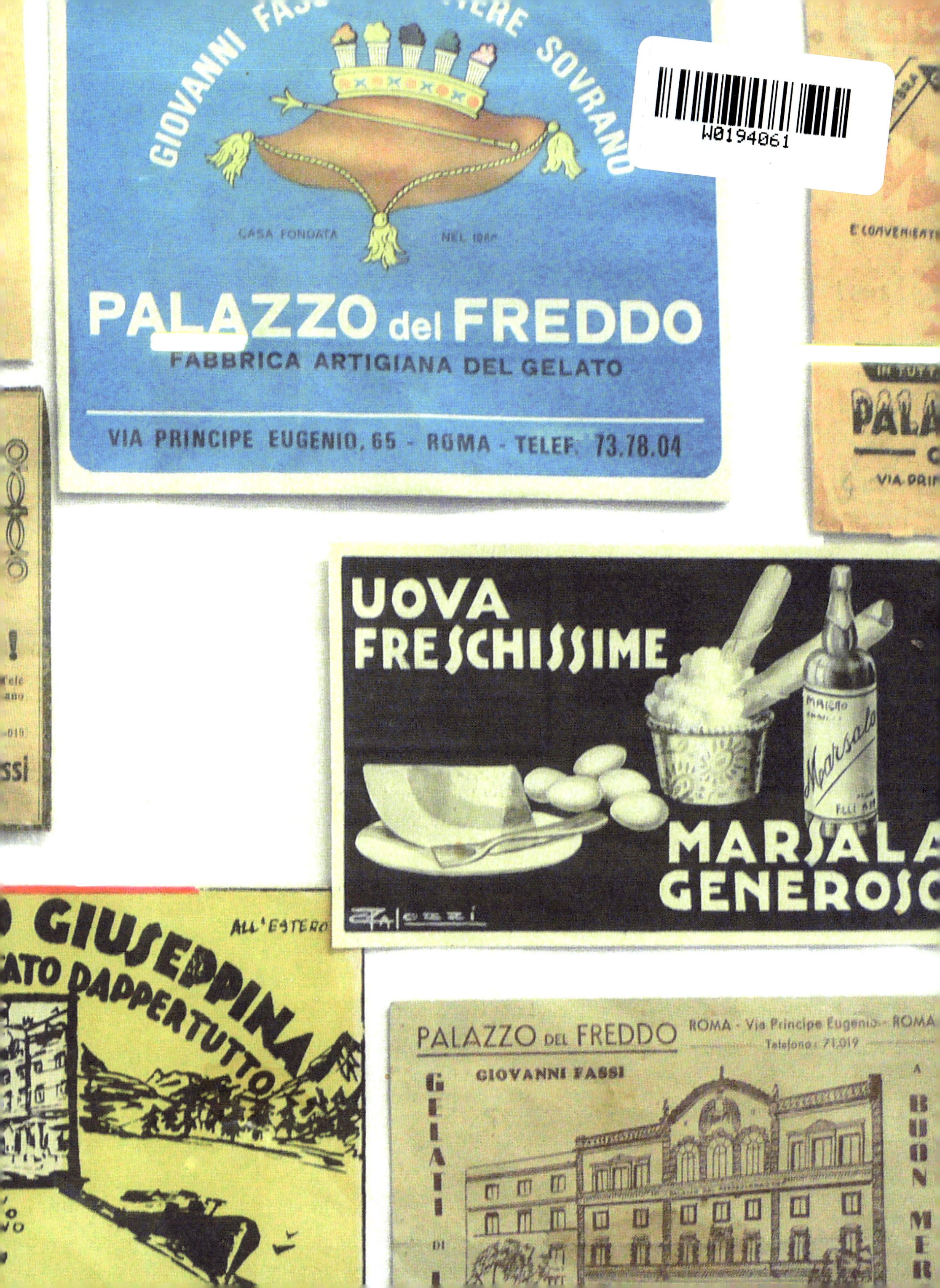
GIOVANNI FAS
ERE SOVRANO
CASA FONDATA
NEL 1880
PALAZZO del FREDDO
FABBRICA ARTIGIANA DEL GELATO
VIA PRINCIPE EUGENIO, 65 - ROMA - TELEF. 73.78.04
UOVA
FRESCHISSIME
MARSALA
GENEROSO
Marsala
ALL'ESTERO
GIUSEPPINA
ATO DAPPERTUTTO
PALAZZO DEL FREDDO
ROMA - Via Principe Eugenio - ROMA
Telefono: 71.019
GIOVANNI FASSI
E CONVENIENTE
PALA
VIA PRI

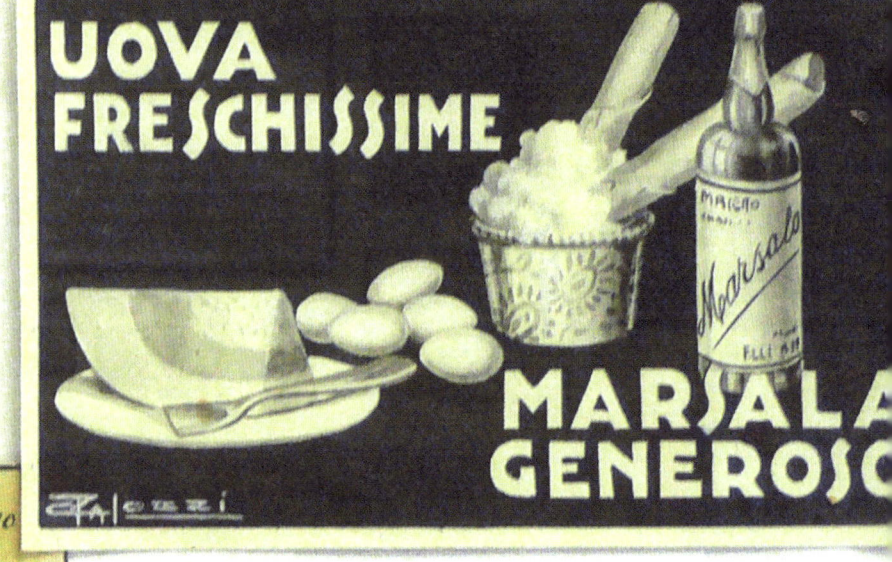

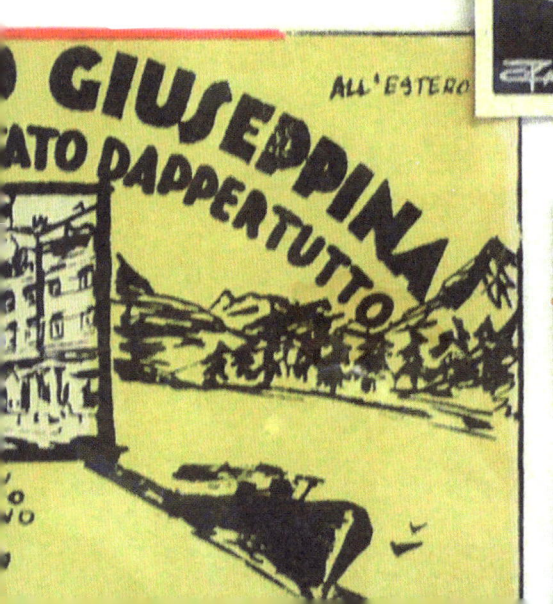

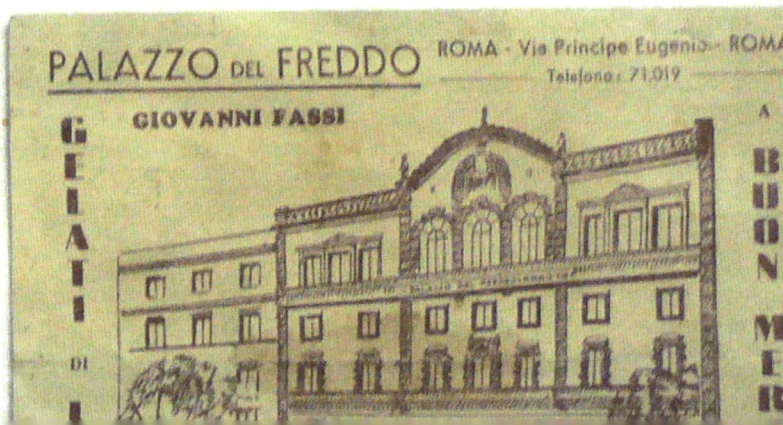

EiS

Eis
FÜR GENIESSER

90 verführerische Originalrezepte
aus Italien

LINDA TUBBY

FOTOS JEAN CAZALS

CHRISTIAN VERLAG

Mit lieben Grüßen an meine Söhne Dan und Ben und meine Freundin Ruth Prentice

INHALT

SCHNEE- UND EISZEIT

Viele Geschichten darüber, wie das italienische Eis erfunden wurde, sind wenig glaubwürdig. Die meisten beruhen auf Legenden, einige aber berufen sich auf tatsächliche geschichtliche Ereignisse und führen durch verschiedene Länder. Wie bei vielen Erfindungen kann man auch bei Speiseeis nur schwer eine exakte Quelle oder einen genauen Zeitpunkt nennen. Bei meiner Suche nach der »Entdeckung« des *gelato* (italienisches Eis) musste ich sehr dürftigen Hinweisen folgen und stieß auf faszinierende Geschichten.

Eine Geschichte etwa erzählt von dem venezianischen Handelsreisenden und Schreiber Marco Polo, der das Speiseeis von China nach Italien gebracht haben soll. Es herrschen große Zweifel an seinem Bericht. Nach diesem hatte er in China beobachtet, wie fermentierte Milch mit Eis zubereitet wurde, und diese Kunst sei im 16. Jahrhundert in Italien weiterentwickelt worden. Die Chinesen froren bereits vor rund 4000 Jahren Nahrungsmittel mithilfe von Schnee und Eis ein, um sie haltbarer zu machen. Bereits vor der Zeit des Marco Polo genoss man in Indien und Persien Schnee und Eis vermischt mit exotischen Sirups. Durch arabische Händler gelangten diese Kenntnisse nach Sizilien, wo sie dann verfeinert wurden. Man geht davon aus, dass das erste *sorbetto* (Sorbet) einfach ein leicht gefrorenes, sehr aromatisches süßes Getränk war.

Auch die Römer wussten bereits, wie Schnee- und Eisvorräte aus dem Winter genutzt werden konnten. Eisgekühlte Getränke – *bevande ghiacciate* – waren in Rom nichts Außergewöhnliches. Schnellläufer transportierten riesige Schneeblöcke aus den nahe gelegenen Bergen in die Stadt. Für die heißen Sommer war der eingelagerte Schnee sehr nützlich. Man kühlte damit den warmen, schweren Wein und machte ihn wohlschmeckender. Schnee wurde auch direkt mit Frucht- und Honigsirups als Erfrischung genossen. Kaiser Nero Claudius hatte eine besondere Vorliebe für eiskalten Wein. Zu diesem Zweck wurde ein revolutionäres Trinkgefäß verwendet – es war doppelwandig, und zum Kühlen des Getränks füllte man Schnee in den äußeren Hohlraum.

Gegen Ende des 16. Jahrhunderts beschäftigte man sich in Neapel mit der Idee, Flüssigkeiten zu gefrieren. Insbesondere ein Wissenschaftler stach hervor, Giambattista Della Porta. Er entwickelte Kühltechniken, mit denen man verdünnten Wein einfrieren konnte. Wenn Salz in Wasser aufgelöst wird, sinkt die Wassertemperatur. Bei diesem Vorgang wurde

Rechts (von oben links im Uhrzeigersinn): Ein Brunnen auf der Piazza Navona, Rom; ein altes Gerät zur Eisherstellung; die Piazza della Cisterna, San Gimignano; eine mit Bitten überhäufte Statue des hl. Antonius, Rom.

zunächst Salpeter verwendet. Später fand man heraus, dass normale Salzkristalle ebenso gut geeignet sind. Der Gefrierprozess wurde beschleunigt, indem das mit Flüssigkeit gefüllte Gefäß in einer Kältemischung aus Schnee und Salz, der *salamoia,* gedreht wurde.

Dieses neue Wissen machten sich viele zu Nutze, auch Bernardo Buontalenti, ein vielseitig begabter Florentiner Künstler. Er konzipierte Gebäude, Feuerwerksveranstaltungen und Feste für das Haus Medici, und möglicherweise gab er den Anstoß für den Eis-Boom im Italien der Postrenaissance. Er und seine Rezepte waren bei der italienischen Schickeria in aller Munde, und die Medici beauftragten ihn mit der Organisation luxuriöser Bankette, mit denen sie ihre oft aus dem Ausland angereisten Gäste beeindrucken wollten. Die Italiener halten sein Andenken noch heute mit einem nach ihm benannten Eis hoch (siehe Seite 104). Ein *buontalenti* ist ein mit Ei, Honig und Wein verfeinertes Cremeeis. Bernardo Buontalenti soll als Erster Ei und Milch zur Herstellung von Eiercreme kombiniert haben.

Am Stadtrand von Florenz gestaltete Buontalenti den Pratolino – eine Sommerresidenz des Großfürsten – und legte im Park Schneegruben an. Abgedeckt mit einer Strohpyramide konnten die Schneeblöcke aus den Bergen hier ein ganzes Jahr gelagert werden. (In Blöcke gepresster Schnee bleibt sehr lange gefroren.) Auch in den Boboli-Gärten und entlang der Florentiner Stadtmauer lagerte er Schnee und Eis in Gruben, das nun in den brütend heißen Sommermonaten auch von der normalen Bevölkerung verlangt wurde.

Oben: Eisherstellung in der Gelateria di Piazza.

Lizenzen zum Sammeln und Lagern von Schnee und Eis wurden meistbietend versteigert. Es schien daher in jedermanns Interesse zu sein, diese neue Erfindung voranzutreiben, für die sich die Reichen und Schönen begeisterten. Eiskreationen durften bei keinem feinen Bankett fehlen. Aus zerstoßenem Eis und Schnee wurden die herrlichsten Arrangements gestaltet. Bei solchen glanzvollen Festlichkeiten schmückten Schneepyramiden und -obelisken die Tafeln. Sie waren überhäuft mit Früchten der Saison und stark duftenden Orangen-, Jasmin- und Rosenblüten.

Wegen der enormen Beliebtheit von Eis und Schnee wurde es mit der Zeit immer wirtschaftlicher, Eis aus Seen und Flüssen zu verwenden. In der Nähe der Adelshäuser wurden vielfach Teiche angelegt und das in den Wintermonaten gebildete Eis geschlagen und eingelagert.

Antonio Latini war Ende des 17. Jahrhunderts für den spanischen Regenten am Hof des Vizekönigs von Neapel für Speisen und Festlichkeiten verantwortlich. Er stellte Anweisungen für Veranstaltungen sowie Rezepte zusammen, unter anderem über die Herstellung von Eis. Beispielsweise erfand er kunstvoll verzierte Schalen aus geformtem Eis, *vasi di ghiaccio,* die unter einer dünneren Eisschicht Früchte enthielten. Er schrieb auch recht genaue Rezepte

Oben: Feine Eisdesserts.

für aromatisiertes Eis auf Früchten und süßes, leicht gefrorenes Milcheis, das in Blöcke geformt und dann hart gefroren wurde. Das mit Orangenblütenwasser, Zimt und Vanille aromatisierte Milcheis wurde mit Eiern, Sahne und sogar Butter noch verfeinert. Die weniger betuchte Bevölkerung Neapels verwendete hingegen immer noch die alte römische Methode, Sirup mit Schnee zu vermischen. Diese Sorte nannte man *neve* (Schnee) und verkaufte sie auf der Straße. Im Vergleich mit den großartigen Eiskompositionen bei den Banketten der Reichen nahm es sich jedoch recht schlicht aus.

Ab Ende des 17. Jahrhunderts wurde auch der Rest Europas mit der Begeisterung für Eis angesteckt. Mit dazu beigetragen hat das berühmte Pariser Café »Procope« in der Rue de l'Ancienne Comédie, das nach seinem früheren sizilianischen Besitzer Francesco Procopio Dei Coltelli benannt ist. Er kam mit Kenntnissen über die Herstellung von Sorbet nach Paris, und sein Großvater, ebenfalls Francesco mit Vornamen, soll eine Maschine konstruiert haben, mit der die Struktur von honiggesüßtem Fruchteis verbessert wurde. Für den exklusiven Verkauf seines Eises erhielt er ein königliches Patent. Ein Jahrhundert später betrieb ein weiterer Italiener, Giuseppe Tortoni, ein Café in Paris. Das Rezept seines Sohnes für *Biscuit Tortoni,* wurde sehr berühmt und wird bis heute verwendet (siehe Seite 126).

Gegen Ende des 18. Jahrhunderts entstand und verbreitete sich die Überzeugung, Schnee und Eis würden bei der Behandlung jeglicher Krankheit helfen. Dr. Filippo Baldini, ein anerkannter Arzt aus Neapel, beschwor in einem Buch die gesundheitsförderlichen Eigenschaften von Sorbets. Dieser eisige Nachtisch wurde daraufhin mit der Überzeugung verschlungen, er wirke den Folgen übermäßigen Essens und Alkoholkonsums entgegen. Viele dieser Sorbets wurden *aromatici* genannt und von Fachleuten aus Heilkräutern hergestellt. Auch die heute noch beliebten Sorten gab es bereits: Erdbeere, Amarena (Sauerkirsche), Pistazie, Pfirsich, Wassermelone, Kaffee und Schokolade, um nur einige zu nennen.

Ende des 19. Jahrhunderts wurde Eis immer häufiger künstlich hergestellt und für Speiseeis verwendet. Natürliches Eis und Schnee hatten jahrhundertelang ausgereicht; aufgrund der steigenden Beliebtheit konnten sie jedoch jetzt nicht mehr Schritt halten. Aus destilliertem Wasser wurde in einem teuren Verfahren künstliches Eis hergestellt und kristallklar gefroren. Eisdesserts wurden immer aufwendiger und spiegelten den Überfluss der Epoche wider.

Die wenigen erhaltenen schriftlichen Zeugnisse belegen, dass die Italiener das Speiseeis vielleicht nicht erfunden haben. Zweifellos jedoch haben sie es weiterentwickelt und verbreitet, sodass es zur weltweit beliebtesten Nascherei werden konnte.

Seite 10: *zuccotto* in der Gelateria Combattenti in San Gimignano. **Oben:** *spumoni* und *pezzi duri* in der Gelateria Petrini, Rom. **Unten:** bunte *pezzi duri* im Palazzo del Freddo Giovanni Fassi, Rom. **Seite 12/13:** die Gelateria Giolitti, Rom.

DIE KUNST DES GELATO

290 000 Tonnen *gelato* werden pro Jahr in Italien produziert. Das zeigt, dass die Eisherstellung für die Italiener nicht nur ein Handwerk, sondern eine Passion ist. Die italienischen Kunden nennen den Eiskonditor *gelataio*. Spielt der *gelataio* jedoch mit den Zutaten und kreiert neue Rezepte, möchte er allerdings lieber *gelatiere* genannt werden, Eiskonditormeister.

Ein italienischer Eiskonditor beginnt seine Arbeit bei Sonnenaufgang. Jedes einzelne *gelato* und *sorbetto* wird in kleinen Mengen täglich frisch und löffelfertig zubereitet, die beliebtesten Sorten werden dann im Tagesverlauf nachgefüllt. Für *gelato* gelten sehr hohe Qualitätsanforderungen. Gelato-Konditoren verwenden die besten frischen Früchte der Saison und komponieren die Sorten aus hochwertigen Zutaten. Das Handwerk verlangt ganzen Einsatz: In den meisten Regionen Italiens wird Eis bis auf eine kleine Pause im Winter das ganze Jahr hindurch verkauft. Und das *gelato* wird beileibe nicht nur für die Touristen produziert. Die Einheimischen nehmen es kiloweise mit nach Hause und geben sich nicht mit einer Eiswaffel zufrieden.

Viele fragen sich, was den Unterschied zwischen *gelato* und anderen Speiseeisvarianten ausmacht. Zunächst bedeutet *gelato* einfach »gefroren«, von *gelare* »einfrieren«. Manche sagen, *gelato* reinige den Mund, vor allem aber wird es im Gegensatz zum übrigen Speiseeis weniger kalt serviert. Außerdem wird es täglich frisch in kleinen Mengen hergestellt und hat daher einen besonders reinen Geschmack. *Gelato* ist eine eher moderne Bezeichnung – früher wurde es *mantecato* genannt, was den Rührvorgang bei der Herstellung beschreibt.

Die *gelato*-Herstellung ist eine Wissenschaft für sich. Man muss Zucker und andere Zutaten genau richtig kombinieren, um einen abgerundeten Geschmack zu erzielen. Magermilchpulver sorgt für die Viskosität der einzelnen Bestandteile und verhindert, dass sich Eiskristalle bilden. Die Schwere der enthaltenen Sahne muss durch Aromen ausgeglichen werden – diese Ausgewogenheit ist die Kunst bei der Herstellung eines perfekten *gelato*.

In manchen Fällen wird ein wenig Johannesbrotkernmehl als natürlicher Stabilisator verwendet, damit sich keine großen Eiskristalle bilden. Dies kann nötig sein, wenn die verwendeten Früchte einen hohen Wasseranteil haben. Außerdem muss man sich damit auskennen, wie sich die Zutaten bei verschiedenen Temperaturen verhalten, und wissen, wie stark sich das Volumen durch das Rühren erhöht – alles in allem eine echte Kunst.

Rechts: Sergio Dondole in seiner Gelateria di Piazza in San Gimignano.

Oben: Gelateria Pellacchia dal 1900, Rom.

In einer Gelateria mit eigener Herstellung wird das Eis in großen Glasvitrinen aufgereiht, die auf -14 °C gekühlt werden. Wenn die *gelati* und *sorbetti* in Eiswaffeln gefüllt und zum Genießen nach draußen getragen werden, haben sie genau die richtige Temperatur und entfalten optimal ihr Aroma und ihre Struktur. In manchen Gelaterien werden noch die alten runden Stahlbehälter mit Deckel (siehe linkes Bild) verwendet. Meist kann man aber die vielen verschiedenen Eissorten in rechteckigen gestapelten Edelstahlbehältern nebeneinander aufgereiht bestaunen.

In großen Gelaterien zahlt man zuerst an einem hölzernen Pult. Zuvor muss man sich bereits überlegt haben, wie viele *gusti* (Sorten) man genießen möchte, und geht dann mit der Quittung zum *gelato*-Tresen. Das Angebot will also vor dem Kauf begutachtet sein. Handelt es sich um eine Gelateria mit einem guten Ruf, bildet sich oft eine lange Schlange von Kunden. Für die Italiener gibt es keine passende oder unpassende Zeit, *gelato* zu essen – man bestellt es von 10 Uhr morgens bis Mitternacht oder noch länger.

Ich finde es herrlich, auf welche Weise *gelato* serviert wird. Man verwendet einen speziellen flachen Löffel (siehe rechtes Bild), und die einzelnen Sorten werden damit in die Eiswaffeln oder den Becher gespachtelt. Bis zu vier Sorten pro Portion sind völlig normal, meist sind es aber nur zwei oder drei. Italiener haben auch eine Vorliebe für *panna montata,* die Sahnehaube auf der gefüllten Waffel. Sie steht geschlagen in einem großen Behälter hinter dem Tresen bereit.

Wenn Sie noch nie selbst Eis gemacht haben, werden Sie begeistert sein. Es ist nicht kompliziert, die feinsten *gelati* und *sorbetti* selbst zu machen, mit oder ohne Eismaschine, und es macht richtig Spaß. Wie die Italiener bin ich davon überzeugt, dass Eis nie hart gefroren sein darf oder zur längeren Lagerung gedacht war. Man muss es servieren, wenn es locker und weich ist. Verwenden Sie für Ihre *gelati* außerdem nur die reinen Zutaten, keinerlei Zusätze, und nutzen Sie Früchte der Saison, wenn möglich aus ökologischem Anbau.

Die einzelnen Zutaten verleihen dem italienischen Eis auch seine jeweilige Struktur. Meiner Ansicht nach werden jedoch viele Sorten zu süß, wenn man die Zuckermenge verwendet, die etwa für eine perfekte *sorbetto*-Struktur nötig ist. »Genau richtig« und »zu süß« liegen sehr nahe beieinander. Wenn man eine *sorbetto*-Masse mit zu wenig Zucker herstellt, ist die Struktur rau – dieser Effekt ist mir bei manchen Sorten sogar lieber, weil das eigentliche Aroma besser zur Geltung kommt und sich nicht gegen den Zucker behaupten muss.

Wer Eis selbst herstellt, kann die Struktur bestimmen. Zu viel Zucker verhindert das Gefrieren der Masse. Bei zu viel Alkohol bilden sich dagegen keine Eiskristalle. Sie können genau aufeinander abstimmen, wann das Eis die gewünschte Struktur erreicht hat und wann Sie es genießen möchten. Ich bereite eine Masse meist vor und lasse sie im Kühlschrank durchziehen, bevor ich sie zu Eis verarbeite. Während der im Rezept angegebenen Zeit vor dem Servieren verarbeite ich sie dann mit der Eismaschine oder manuell (siehe Seite 19). Dann lasse ich sie die angegebene Zeit im Tiefkühlgerät, bis das Eis die richtige Struktur hat. Je nach Rezept freue ich mich manchmal schon auf das *gelato* oder *sorbetto* direkt aus der Maschine, wenn es besonders weich und lecker ist. Bei der manuellen Methode schmeckt es oft besonders gut, kurz nachdem es in der Küchenmaschine aufgeschlagen wurde.

Bei italienischem Eis können Sie experimentieren und Ihre eigenen Vorlieben für jedes Rezept herausfinden. Wenn das selbst gemachte *gelato* jedoch aus Versehen zu lange gefroren war, kann man es nicht sofort herauslöffeln, sondern muss es erst im Kühlschrank weich werden lassen. Jedes Rezept enthält genaue Angaben dazu. Lassen Sie Ihr *gelato* auch nicht bei Raumtemperatur auftauen: Sie unterliegt Schwankungen, sodass die richtige Struktur nur schwer zu erreichen ist.

Rechts: Italienische Eisspachtel, mit denen die *gelati* oder *sorbetti* in Hörnchen oder Becher gespachtelt werden.

EIS MANUELL HERSTELLEN

Bei der manuellen Eisherstellung wird keine Eismaschine verwendet. Ihr Gefriergerät sollte auf etwa -18 °C eingestellt sein.

Wenn die Masse anfängt zu gefrieren, bleibt der enthaltene Zucker zähflüssig, während der Rest nach und nach Eiskristalle bildet. Je länger die Masse nicht gerührt wird, desto größer werden die Eiskristalle. Wenn Fett enthalten ist, bildet es Kügelchen, sobald die Masse zu gefrieren beginnt; dadurch werden die Kristalle isoliert und können nicht so groß zusammenklumpen. Die Eiskristalle müssen immer wieder zerschlagen und gleichmäßig unter die anderen Zutaten gemischt werden, um ein weiches *gelato* oder *sorbetto* zu erhalten. Man kann das mit einem Rührgerät oder einem Schneebesen erreichen. Beim letzten Rührvorgang sollte, wenn möglich, eine Küchenmaschine zum Einsatz kommen. Wenn Sie nur über ein Rührgerät verfügen, ist das kein Problem. Sie sollten die Masse dann vier Mal während des Gefriervorgangs durchrühren. Die Struktur ist dann zwar kristalliner, aber trotzdem sehr gut.

Bei der klassischen *granita* werden die Eiskristalle nicht zerschlagen, sondern nur immer wieder mit der Gabel gelockert, damit die Eisflocken genau die richtige Größe behalten. Die *granita* kristallisiert durch das enthaltene Wasser besonders gut und erinnert am stärksten an Schnee und Eis. In Gelaterien wird sie in einem runden, durchsichtigen Gerät ständig gerührt und sieht aus wie ein flüssig gewordenes *sorbetto*.

Herstellung ohne Eismaschine

Die vorbereitete und kalt gestellte Eis- oder Sorbet-Masse wird in einen entsprechend großen, hohen Gefrierbehälter gefüllt. Bis zum Rand des Behälters müssen unbedingt noch etwa 3 Zentimeter frei sein, damit die Masse beim Einschalten des Rührgeräts nicht herausgeschleudert wird.

Nun wird der Behälter ohne Deckel an die kälteste Stelle des Tiefkühlgerätes geschoben, am besten direkt an den Wärmetauscher. Das Eis 2 Stunden lang einfrieren und bereits nach 1^1/$_2$ Stunden prüfen, Sorbet 1^1/$_2$ Stunden einfrieren und nach 1 Stunde prüfen. Durch die verschiedenen Mengen und Zutaten kann die Gefrierzeit unterschiedlich ausfallen.

Nun wird das Gefrorene mit einer Gabel von Rand und Ecken in die flüssige Mitte gezogen. Dabei rührt man die Masse mit dem Rührgerät oder dem Schneebesen so lange, bis die Kristalle zerschlagen und verteilt sind. Dieser Vorgang wird wiederholt, dann wird die Masse für etwa 2 Stunden eingefroren, bis sie gleichmäßig fest, jedoch nicht hart gefroren ist. In einer Küchenmaschine rührt man sie 1 bis 2 Minuten durch, bis sie weich ist. Manche süßeren Sorten sind nach dem dritten Gefriervorgang weniger fest. Das ist kein Problem, sie müssen nur angefroren sein. Wenn das Eis in der Küchenmaschine Klumpen bildet, schalten Sie das Gerät aus, lockern die Klumpen mit einer Gabel auf und schalten das Gerät wieder ein. Zum Abschluss füllt man die Eismasse in einen Gefrierbehälter und mischt die festen Zutaten nach Rezept unter. Den Behälter gut verschließen und beschriften, am besten mit der Sorte und der Zeit versehen, die das Eis im Kühlschrank aufgetaut werden muss, wenn es zu hart geworden ist. Nun für die vorgegebene Zeit einfrieren.

GEEISTE GETRÄNKE & GRANITA

Limoncello

ZITRONENLIKÖR

Limoncello wird unter anderem an der Amalfiküste hergestellt und hat ein intensives Aroma sonnengereifter Zitronen. Doch es geht nichts über einen selbst gemachten Zitronenlikör. Durch den Alkohol wird er haltbar, und man lagert ihn im Gefrierschrank. Zur Herstellung kann man Grappa verwenden, ich nehme allerdings lieber Wodka. Für dieses Rezept benötigen Sie zwei große Gläser (je etwa ½ Liter) mit Schraubverschluss.

Ergibt etwa 1 Liter

500 ml nicht aromatisierte
   Spirituose, beispielsweise
   Wodka
6 große unbehandelte Zitronen
   (etwa 250 ml Saft)
350 g extrafeiner Zucker
200 ml stilles Mineralwasser

Den Alkohol in eines der Gläser füllen. Mit einem Zestenreißer oder Schälmesser dünne Streifen Zitronenschale (ohne das weiße Mark) abschneiden und in den Alkohol einlegen. An einer kalten, dunklen Stelle 1½ Monate im verschlossenen Glas ziehen lassen.

Die Zitronen auspressen. Den Saft in einen Gefrierbehälter füllen und einfrieren, solange der Alkohol durchzieht.

Wenn der Alkohol durchgezogen ist, Zucker und Wasser mit dem gefrorenen Zitronensaft in einem Topf leicht erhitzen, bis der Zucker gelöst und der Saft geschmolzen ist. Den Sirup in einem großen Krug abkühlen lassen. Den aromatisierten Alkohol mit der Zitronenschale in den Krug füllen, umrühren und zugedeckt über Nacht ziehen lassen.

Die Flüssigkeit in die beiden Gläser abseihen. An kalter, dunkler Stelle etwa 1 Woche in den verschlossenen Gläsern stehen lassen. Die Gläser über Nacht, oder bis der Likör dickflüssig wird, einfrieren (der Likör gefriert nie ganz).

In gefrorenen Gläsern (15 Minuten in den Gefrierschrank stellen) oder als *sgroppino* (siehe gegenüberliegende Seite) servieren.

Sgroppino Classico al Limone

ZITRONENSORBET
MIT LIMONCELLO UND PROSECCO

Dieser eisige Cocktail wird auch scroppino *geschrieben und ist vor allem in Venedig bekannt, wo man die Zutaten eisgekühlt verquirlt. Zitronensorbet (siehe Seite 58) und Limoncello (gegenüberliegende Seite) werden zu einer schneeartigen Masse vermischt. Normalerweise rührt man auch den Prosecco unter, ich gieße ihn jedoch lieber darüber und bestreue das Ganze mit etwas geriebener Zitronenschale. Noch eisiger wirkt dieser Cocktail, wenn die Gläser mit einem Zuckerrand verziert werden (siehe Seite 21).*

Für 4 Personen

3–4 TL extrafeiner Zucker
  (nach Geschmack), außerdem etwas Zucker zum
  Verzieren
9 Eiswürfel
250 g *sorbetto di limone*
  (siehe Seite 58)
4 EL Limoncello (gegenüberliegende Seite) direkt aus
  dem Gefriergerät
1 unbehandelte Zitronenschale,
  geschabt oder gerieben
1 Flasche Prosecco, gekühlt

Die Gläser 15 Minuten in den Gefrierschrank stellen. Zucker, Eis-würfel, Sorbet und Limoncello in einem Mixer pürieren, bis eine schneeartige Masse entsteht.

Etwas Zucker auf einen Teller streuen und die eisgekühlten Gläser mit dem Rand hineindrücken. Den Zitronenschnee in die Gläser füllen und mit ge-schabter oder gerie-bener Zitronenschale bestreuen. Mit dem Prosecco auffüllen und sofort servieren, solange es noch schäumt.

Frappé ai Mirtilli

HEIDELBEERFRAPPÉ

Frappé ist etwas aufwendiger als frullato *– ich nehme es mir eher nachmittags als vormittags vor. Italiener genießen Frappés beliebiger Sorte oder* gusto *(Geschmack) zu jeder Tageszeit. Die schaumigen Milchmixgetränke kann man entweder mit einem langen Löffel oder mit einem Strohhalm genießen. Ein paar frische Früchte machen sie zu einem besonderen Genuss.*

Ergibt 1 großes Glas

Alle Zutaten in einem Mixer schaumig pürieren. In ein Glas füllen und servieren.

3 Löffel Heidelbeerjoghurteis
(siehe Seite 102) oder eine
andere Sorte Eis oder Sorbet
mit Frucht, Schokolade,
Kaffee oder Vanille.
100 ml kalte Milch

Frullato al Succo Rosso

JOHANNISBEERSHAKE

Frullato *ist ein sehr erfrischendes Getränk. Es besteht aus frischen reifen Früchten der Saison mit kalter Milch und/oder Joghurt. Alle Zutaten werden einfach in einem Mixer zusammen mit Eiswürfeln püriert, bis das Eis schneeartig ist und noch kleine Fruchtstückchen zu sehen sind. Es ist ein 60er-Jahre-Milchshake nach heutigem Geschmack.*

Ergibt 1 großes Glas

Eiswürfel mit 2 Esslöffeln Milch im Mixer zerkleinern.

6 Eiswürfel
150 ml kalte Milch
60 g rote Johannisbeeren
1–2 EL Akazienhonig

Johannisbeeren und Honig zufügen und nur so lange mit kurzen Stößen pürieren, wie in der rosa Milch noch Fruchtstückchen erkennbar sind. In ein Glas füllen und servieren.

Frullato di Papaya

PAPAYASHAKE

Die Papaya enthält ein Enzym, das bei Magenverstimmung hilft – eine leckere, verdauungsfördernde Frucht mit sehr viel Vitamin C, außerdem Vitamin A und Betacarotin.

Ergibt 1 großes Glas

1 Papaya
Saft von 1 Limone
Etwa 2 TL extrafeiner Zucker
  (nach Geschmack)
6 Eiswürfel
150 ml kalte Milch

Papaya halbieren, die Kerne mit einem Teelöffel herausschaben und wegwerfen. Das Fruchtfleisch direkt aus den Hälften in einen Mixer schaben. Den Limonensaft zufügen und die Mischung pürieren.

Mit Zucker abschmecken, dann mit Eiswürfeln und kalter Milch pürieren. In ein Glas füllen und servieren.

Frullato macchiato al Caffè

KAFFEESHAKE

Italiener lieben ihren caffè. *Dieses* frullato *enthält das nötige Koffein, und kombiniert mit dem hellgelben Kräuterlikör* Strega *(Hexe) ist es einfach unschlagbar.*

Ergibt 1 großes Glas

100 ml kalter Espresso
6 EL Crème double
2 EL *Strega* (italienischer
  Kräuterlikör)
3 TL extrafeiner Zucker
  (nach Geschmack)
8 Eiswürfel
Trinkschokolade zum Bestäuben

Alle Zutaten in einem Mixer 30 Sekunden verarbeiten.
In ein Glas füllen, mit Trinkschokolade bestäuben und servieren.

Affogato

EIS MIT KAFFEE

Affogato *bedeutet »ertrunken« und bezieht sich auf das Vanilleeis, wenn es mit kochend heißem Espresso übergossen wurde. Der feine helle Schaum auf dem frisch gebrühten Espresso heißt* crema di caffè, *und auch ein »Eis mit Kaffee« erhält dadurch sein volles Aroma und die gestalterische Abrundung. Besonders üppig wird es mit einem Löffel Schokoladensahneeis und Vanillemilcheis.*

Für 4 Personen

4 Löffel *Fior di Latte con Vaniglia* (Vanillemilcheis, siehe Seite 106)
Nach Belieben 4 Löffel *Bacio* (Schokoladensahneeis mit Haselnussbaiser, siehe Seite 89)
Etwa 400 ml heißer, starker Espresso, je nach Glas- bzw. Tassengröße
Trüffelschokolade zum Servieren

Das gewünschte Eis in die Gläser oder Becher füllen und mit heißem, frisch gebrühtem Espresso übergießen. Mit einem Stück Trüffelschokolade sofort servieren.

Spritz Ghiacciato

GEEISTER SPRITZ

Wegen seines hohen Vitamin-C-Gehalts ist Granatapfelsaft derzeit stark im Kommen. Diese Rezeptidee habe ich von Giuseppe Ruo vom Hotel Lanesborough in London bekommen. Der eisgekühlte Spritz-Cocktail eignet sich als Aperitif, als leicht alkoholisches Getränk vor dem Essen.

Für 4–6 Personen

100 g extrafeiner Zucker
100 ml Wasser
200 ml Granatapfelsaft
100 ml Campari
Orangenscheiben
1 Flasche Prosecco, gekühlt

Zucker und Wasser in einem Topf etwa 4 Minuten leicht erhitzen, bis sich der Zucker gelöst hat. Den Topf schwenken, damit am Boden verbliebene Zuckerkristalle verschwinden. Den Sirup zum Abkühlen in eine Schüssel füllen.

Die Granatäpfel halbieren. Damit kein Saft verloren geht, aus jeder Hälfte einzeln mit einer Zitronenpresse oder einem Entsafter so viel Saft wie möglich herauspressen. Die Geleehüllen sitzen sehr fest auf den Kernen. Deshalb ist es am besten, mit der Hand noch einmal nachzupressen, um wirklich den ganzen Saft zu erhalten.

Den Saft durch ein engmaschiges Sieb abseihen und mit dem Sirup vermischen. Den Campari zufügen.

Mit einer Eismaschine nach Anleitung des Herstellers oder nach der Methode auf Seite 19 rühren, bis die Masse gefroren ist.

4 Stunden Gefrierzeit reichen aus. Wenn die Mischung länger gefroren war und hart geworden ist, den Deckel abnehmen und 20 bis 30 Minuten vor dem Servieren im Kühlschrank weich werden lassen.

Kleine Kugeln in Gläser füllen, Orangenscheiben darüber legen und mit Prosecco auffüllen.

Granita di Anguria

WASSERMELONEN-GRANITA

Wenn Sie zu dieser Granita eine vollreife Melone mit kräftig rotem Fleisch verwenden, ist das der Inbegriff von Sommer. Wählen Sie einen aromatischen Qualitätswein – durch das Gefrieren wird das Aroma etwas gedämpft. Die römische Version des Rezepts heißt grattachecca *und ist mit Sirup übergossenes zerstoßenes Eis. Für Gelaterien ist die Granita nicht so einfach herzustellen, weil man sie stärker kühlen und ständig rühren muss. Bei industrieller Herstellung geht daher die ursprüngliche Struktur verloren – sie wird weniger flockig und erinnert mehr an ein weiches Sorbet.*

Für 6–8 Personen

150 g extrafeiner Zucker
250 ml aromatischer Weiß-
   wein, beispielsweise ein
   guter Pinot Grigio
   (Grauburgunder)
2,125 kg reife Wassermelone
Saft von ¹/₂ Zitrone

Zucker und Wein in einem Topf etwa 4 Minuten leicht erhitzen, bis sich der Zucker gelöst hat. Den Topf schwenken, damit am Boden verbliebene Zuckerkristalle verschwinden, dann vom Herd nehmen und abkühlen lassen.

Die Wassermelone aufschneiden, einige Scheiben beiseite legen (siehe Hinweis unten). Das Fruchtfleisch von der Schale trennen und lockere Kerne entfernen. Fruchtfleisch kurz in der Küchenmaschine verarbeiten, damit die Kerne gelöst, jedoch nicht zerkleinert werden. Das Fruchtfleisch mit dem Rücken einer Kelle durch ein Sieb streichen. Die Kerne und Fasern im Sieb wegwerfen.

Melonenpüree und Zitronensaft in den abgekühlten Weinsirup einrühren. In einen Gefrierbehälter füllen – die Füllhöhe sollte etwa 3 Zentimeter betragen – und 2 Stunden tiefgefrieren.

Aus dem Tiefkühlgerät nehmen. Mit einer Gabel die gefrorenen Stellen vom Rand in die Mitte ziehen, dann erneut einfrieren. Nach 3 Stunden wieder mit der Gabel bearbeiten, bis die Granita flockig ist, jetzt servieren. Wenn sie länger gelagert werden soll, in eine größere Tüte füllen. Ist sie zu hart geworden, 15 Minuten vor dem Servieren aus der Gefriertruhe nehmen und mit der Gabel durcharbeiten.

Tipp: Verwahren Sie zum Garnieren einige schmale Melonenscheiben im Kühlschrank, wenn Sie die Granita direkt servieren.

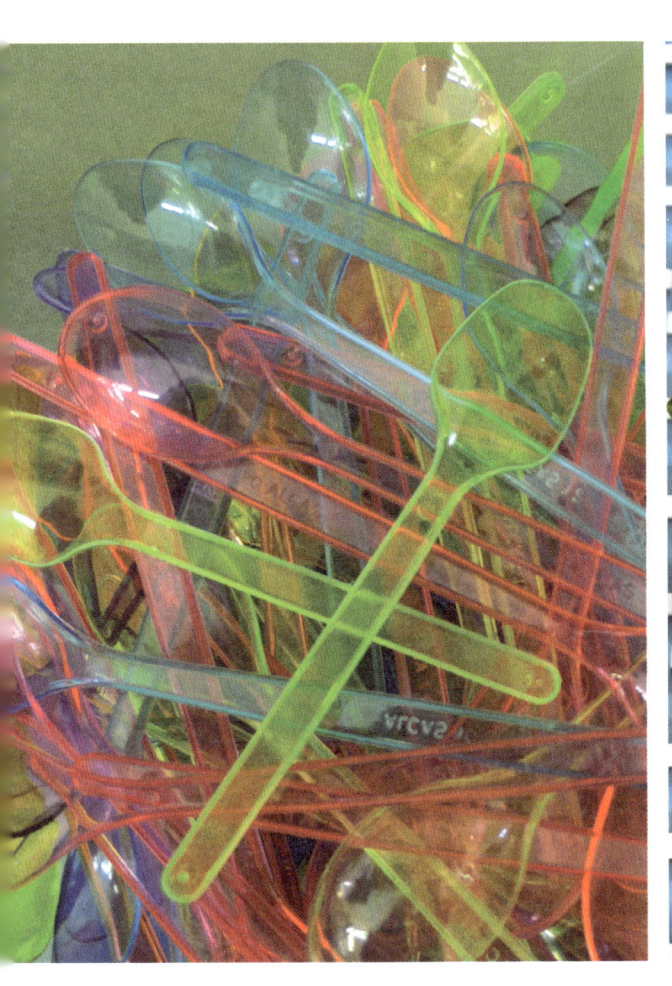

ERDBEERTRAUBEN-GRANITA

Ende August wird die Isabellatraube geerntet, die wegen ihres ausgeprägten Erdbeeraromas auch rote Erdbeertraube genannt wird. Sie ist eine schwarzrote Beere mit Wachsbelag und kaum größer als eine dicke Heidelbeere. Andreas, der Fachhändler, von dem ich Obst und Gemüse beziehe und der auch The River Café in London beliefert, kauft sie während der Saison in Italien. Auch andere fruchtige Traubensorten sind möglich.

Für 6–8 Personen

1 kg Erdbeertrauben
500 ml kaltes Wasser
150 g extrafeiner Zucker
Saft von 1 Zitrone

Die Trauben entstielen und für die Garnierung etwa 24 Stück in den Gefrierschrank legen. Die restlichen Trauben in ein Abtropfsieb geben und zum Reinigen der Schale mit kochendem Wasser übergießen. Mit Zucker und kaltem Wasser in einem Topf einige Minuten leicht erhitzen, bis sich der Zucker gelöst hat. Hitzezufuhr steigern und vom Herd nehmen, wenn das Wasser zu kochen beginnt. Mit einem Tuch abgedeckt über Nacht stehen lassen.

Den Saft in eine Schüssel abseihen. Die Trauben kurz in der Küchenmaschine verarbeiten, damit sie aufplatzen. Mit dem Rücken einer Kelle in kreisförmigen Bewegungen durch ein engmaschiges Sieb in eine Schüssel streichen. Die Rückstände im Sieb wegwerfen.

Den Zitronensaft zugeben und die Mischung in einen Gefrierbehälter füllen – die Füllhöhe sollte etwa 3 Zentimeter betragen – und etwa 2 Stunden tiefgefrieren. Aus dem Tiefkühlgerät nehmen und mit einer Gabel die gefrorenen Stellen vom Rand in die Mitte ziehen, dann erneut einfrieren. Nach 3 Stunden wieder mit der Gabel bearbeiten, bis die Masse flockig ist. Die eingefrorenen Trauben 30 Minuten vor dem Servieren aus dem Tiefkühlgerät nehmen und die Granita damit dekorieren. Sofort servieren. (Wenn die Granita länger gelagert werden soll, in einen schmaleren, höheren Gefrierbehälter umfüllen. Ist es hart geworden, etwa 30 Minuten vor dem Servieren in den Kühlschrank stellen und dann mit der Gabel durcharbeiten.)

Granita di Caffè Espresso con Panna
ESPRESSOGRANITA MIT SAHNE

An einem gemütlichen freien Tag ist eine Espressogranita eine herrliche Erfrischung und mit panna montata, *einem weichen Sahnehäubchen, ein vollendeter Genuss. Reichen Sie die Granita nach dem Essen, bevor Sie Schokoladencremeeis als Nachtisch servieren.*

Für 6–8 Personen

500 ml frisch aufgebrühter
    sehr starker Espresso
150 g extrafeiner Zucker
2 Spritzer italienischer Hasel-
    nusslikör, beispielsweise
    Frangelico
250 ml Crème double, leicht
    geschlagen

Espresso und Zucker in einem Topf etwa 4 Minuten leicht erhitzen, bis sich der Zucker gelöst hat. Weitererhitzen und 3 Minuten lang köcheln lassen, dann in eine Schüssel füllen und kalt werden lassen.

Den Haselnusslikör unterrühren. In einen Gefrierbehälter füllen – die Füllhöhe sollte etwa 3 Zentimeter betragen – und etwa 3 Stunden einfrieren, bis die Granita leicht gefroren ist. Aus dem Tiefkühlgerät nehmen, und mit einer Gabel die gefrorenen Stellen vom Rand in die Mitte ziehen. Weitere 3 Stunden einfrieren und wieder mit der Gabel bearbeiten, bis es flockig ist. Mit einem Sahnehäubchen (Crème double) servieren. In einen schmaleren, höheren Gefrierbehälter umfüllen, wenn die Granita länger gelagert werden soll. Wenn sie zu hart geworden ist, etwa 15 Minuten vor dem Servieren in den Kühlschrank stellen und mit einer Gabel durcharbeiten.

Granita di Mandorle

MANDELGRANITA

Avola-Mandeln werden für diese durstlöschende Spezialität aus Sizilien verwendet – sie ist eine sanfte Erfrischung für heiße Sommertage. Die Mandel (mandorla) *geht auf die arabischen Eroberer der Insel zurück.*

Für 8 Personen

400 g geschälte Mandeln
85 g extrafeiner Zucker
1 l Wasser
4 EL Rosenwasser
5 Tropfen Mandelöl

Die Mandeln mit Zucker in einer Küchenmaschine fein mahlen. 250 Milliliter Wasser zufügen und weitere 3 Minuten pürieren.

Die Mandelmilch mit dem Rücken einer Kelle durch ein engmaschiges Sieb in eine Schüssel steichen. Die Mandelmasse wieder in die Küchenmaschine füllen und mit 250 Milliliter Wasser 3 Minuten verarbeiten. Den Vorgang noch zwei Mal wiederholen, dann die übrige Mandelmasse wegwerfen.

In einen Gefrierbehälter füllen – die Füllhöhe sollte etwa 3 Zentimeter betragen – und $1^1/_2$ Stunden einfrieren. Aus dem Tiefkühlgerät nehmen und mit einer Gabel die gefrorenen Stellen vom Rand in die Mitte ziehen, dann erneut einfrieren. Nach $1^1/_2$ Stunden wieder mit der Gabel bearbeiten, bis die Masse flockig ist. Den Vorgang noch einmal wiederholen, dann servieren. In einen schmaleren, höheren Gefrierbehälter umfüllen, wenn die Granita länger gelagert werden soll. Wenn die Granita durch längeres Einfrieren hart geworden ist, 1 Stunde vor dem Servieren auftauen lassen und mit der Gabel durchrühren. Wenn nötig, erneut einfrieren, jedoch höchstens 15 Minuten vor dem Servieren.

Granita di Mandarino e Cardamomo

MANDARINEN-KARDAMOM-GRANITA

Der Ursprung von Mandarinen liegt vermutlich in Nordostindien oder Südwestchina. Erst zu Beginn des 19. Jahrhunderts gelangte die Frucht nach England und verbreitete sich von dort im Mittelmeerraum. Mandarinen werden überwiegend im Herbst geerntet. Diese Granita eignet sich daher hervorragend als Zwischengericht während eines Weihnachtsessens, in kleinen Schalen oder Gläsern serviert.

Für 6–8 Personen

12 Mandarinen
175 g extrafeiner Zucker
8 Kardamomkapseln, leicht
    aufgebrochen
425 ml Wasser

Die Mandarinen auspressen und den Saft in eine Schüssel abseihen – das ergibt etwa 500 Milliliter Saft. Zucker, Kardamom und Wasser in einem Topf etwa 4 Minuten leicht erhitzen, bis sich der Zucker gelöst hat. Den Topf schwenken, damit am Boden verbliebene Zuckerkristalle verschwinden, vom Herd nehmen und abkühlen lassen.

Den Sirup durch ein Sieb in den Mandarinensaft abseihen und untermischen. In einen Gefrierbehälter füllen – die Füllhöhe sollte etwa 3 Zentimeter betragen – und 2 Stunden tiefgefrieren. Aus dem Tiefkühlgerät nehmen, und mit einer Gabel die gefrorenen Stellen vom Rand in die Mitte ziehen, dann erneut einfrieren. Nach 3 Stunden wieder mit der Gabel bearbeiten, bis die Masse flockig ist. Dann servieren. In einen schmaleren, höheren Gefrierbehälter umfüllen, wenn sie länger gelagert werden soll. Ist sie zu hart geworden, etwa 30 Minuten vor dem Servieren in den Kühlschrank stellen und mit einer Gabel durcharbeiten.

Grattachecca

RÖMISCHE GRANITA MIT SIRUP

An heißen Sommertagen verkaufen die chioschi *(Kiosks) in Rom* grattachecca *– die römische Granita. Mit der* grattuga, *einem Metallschaber, wird Eis von einem Eisblock geschabt und je nach Geschmack mit aromatisiertem Zuckersirup übergossen. Dekoriert wird es mit gefrorenen oder frischen Früchten und Kokosscheiben. Der berühmteste* chiosco *ist Sora Mirella am Ponte Cestio in Trastevere – er steht dort seit 1905. Bevor es an jeder Straßenecke eine Gelateria gab, waren die Kioske die einzigen Oasen Roms.*

10 Eiswürfel pro Portion

Sciroppo di lamponi
Himbeersirup
Ergibt 225 ml

250 g Himbeeren
400 g Zucker
125 ml Wasser
Saft von 1 Zitrone
2 EL Rosenwasser

Sciroppo di arancia
Orangensirup
Ergibt 225 ml

200 g Zucker
400 ml frisch gepresster
 Orangensaft (entspricht
 etwa 4 großen Orangen)
Schale von 1 unbehandelten
 Orange (ohne Mark)
Saft von 1 Zitrone
2 EL Rosenwasser

Für die *grattachecca* pro Glas 10 Eiswürfel in einem Eiszerkleinerer zerstoßen. Wird eine feinere Struktur gewünscht, die Eiswürfel leicht stückeln und in einer Küchenmaschine bis zur gewünschten Feinheit pürieren. Sirup auffüllen und mit einem Löffel genießen.

Für den Himbeersirup Himbeeren, Zucker und Wasser in einem breiten Topf leicht erhitzen, bis sich der Zucker gelöst hat. Stärker erhitzen und zum Kochen bringen, dann 5 Minuten sprudelnd kochen lassen. Zitronensaft zufügen und weitere 8 Minuten kochen, bis man mit einem Löffel eine Spur durch die Mischung ziehen kann. Ab und zu umrühren, damit der Sirup nicht am Boden haftet. Mit dem Rücken einer Kelle durch ein Metallsieb streichen. Rosenwasser zufügen und in einem Krug kalt stellen, bis er benötigt wird.

Für den Orangensirup Zucker, Orangensaft und Orangenschale in einem breiten Topf leicht erhitzen, bis sich der Zucker gelöst hat. Stärker erhitzen und zum Kochen bringen, dann 5 Minuten sprudelnd kochen lassen. Zitronensaft zufügen und weitere 8 Minuten kochen, bis man mit einem Löffel eine Spur durch die Mischung ziehen kann. Ab und zu mit einem Kochlöffel umrühren, damit der Sirup nicht am Boden haftet. Mit dem Rücken einer Kelle durch ein Metallsieb streichen. Rosenwasser zufügen und in einem Krug kalt stellen, bis er benötigt wird.

Die beiden Sirupe sind bis zu 2 Tage im Kühlschrank haltbar. Wenn der Sirup zum Gießen zu fest ist (er ist sehr zähflüssig), einen Esslöffel Wasser oder Rosenwasser unterrühren.

SORBET

Sorbetto di Pere

BIRNENSORBET

Gedünstete Birnen werden in sehr vielen italienischen Desserts verwendet; ich genieße sie am liebsten als Sorbet (Abbildung auf Seite 43). In Italien sind verschiedene Birnensorten fast das ganze Jahr über erhältlich. Diesem Sorbet gebe ich gerne mit etwas Grappa eine besondere, etwas herbe Note.

Für 6 Personen

200 ml Bioapfelsaft
1 kg Birnen, beispielsweise
   Abate Fetel oder eine
   ähnliche Sorte
Saft von 2 Zitronen
150 g Akazienhonig
2 EL Grappa
Birnenchips zum Garnieren
   (siehe Seite 148)

Den Apfelsaft in einen Topf füllen. Die Birnen schälen, die Kerngehäuse entfernen und in Scheiben geschnitten hinzufügen. Zitronensaft und Honig zugeben und die Birnen bei mittlerer Hitze etwa 8 Minuten dünsten, bis sie sehr weich sind.

Die Birnenstücke in einem Sieb abtropfen lassen und die Flüssigkeit auffangen. Die Birnen im Mixer pürieren, gegebenenfalls etwas von dem aufgefangenen Saft beigeben, damit das Püree nicht zu fest wird. Den Grappa hinzufügen, mit dem Saft verrühren und im Kühlschrank abkühlen lassen.

Mit einer Eismaschine nach Anleitung des Herstellers oder nach der Methode auf Seite 19 rühren, bis die Masse gefroren ist. In einem verschlossenen Gefrierbehälter 1 Stunde lang einfrieren.

Wenn das Sorbet längere Zeit gefroren war und zu hart geworden ist, den Deckel abnehmen und etwa 15 Minuten vor dem Servieren im Kühlschrank antauen lassen.

Sorbetto di Fior d'Arancia

ORANGENBLÜTENSORBET

Als duftende Erfrischung kann dieses Sorbet in gefrorene Orangenschalen gefüllt werden – für das Rezept Conchiglia d'Arancia con Meringa *(Orangenschale mit Baiser) auf Seite 144 benötigen Sie acht gefrorene Orangenschalenhälften. Nehmen Sie sich Zeit bei der Suche nach hochwertigem Orangenblütenwasser.*

Für 6–8 Personen

150 g extrafeiner Zucker
50 g Traubenzucker
200 ml Wasser
4 EL Orangenblütenwasser
16 Orangen

Zucker, Traubenzucker und Wasser in einem Topf etwa 4 Minuten leicht erhitzen, bis sich der Zucker gelöst hat.

Den Topf schwenken, damit am Boden verbliebene Zuckerkristalle verschwinden, und den Sirup zum Abkühlen in eine Schüssel füllen. Das Orangenblütenwasser hinzugeben und bis zur Weiterverarbeitung kühl stellen.

Die Orangen auspressen, den Saft mit Fruchtfleisch durch ein Sieb abseihen und den Sirup hinzufügen.

Mit einer Eismaschine nach Anleitung des Herstellers oder nach der Methode auf Seite 19 rühren, bis die Masse gefroren ist. In einem verschlossenen Gefrierbehälter 2 Stunden lang einfrieren.

Wenn das Sorbet längere Zeit gefroren war und zu hart geworden ist, den Deckel abnehmen und etwa 10 Minuten vor dem Servieren im Kühlschrank antauen lassen.

Sorbetto di Cioccolato al Peperoncino

SCHOKOLADEN-CHILI-SORBET

Die leichte Chilinote ist sehr apart. Sie können mit diesem Rezept experimentieren und die vielen Schokoladenvarianten ausprobieren, die zurzeit angeboten werden. Gelato-Konditoren verwenden nur die besten Schokoladensorten, um genau die gewünschten Geschmacksnuancen zu erzielen.

Für 4–6 Personen

125 g mit Chili verfeinerte Zartbitter- oder Halbbitterschokolade

75 g Zartbitter- oder Halbbitterschokolade (nach Belieben etwas mehr zum Garnieren)

450 ml kaltes Wasser

100 g extrafeiner Zucker

Nach Belieben Eiswaffeln und Zuckerstreusel zum Garnieren

Die klein gehackte Schokolade in einen Kochtopf geben und 350 Milliliter Wasser hinzufügen. Bei geringer Hitze schmelzen lassen, gut durchrühren und den Zucker zugeben. Den Zucker bei geringer Hitze auflösen. Die Masse bei stärkerer Hitze 10 Minuten lang köcheln lassen. Von Zeit zu Zeit umrühren, damit die Schokolade nicht anbrennt.

Sobald die Masse sirupartig ist, in eine Schüssel füllen. Dann etwa 25 Minuten in ein größeres Gefäß mit kaltem Wasser stellen. Die restlichen 100 Milliliter kaltes Wasser unterrühren und 15 Minuten im Kühlschrank abkühlen lassen.

Mit einer Eismaschine nach Anleitung des Herstellers oder nach der Methode auf Seite 19 rühren, bis die Masse gefroren ist. In einem verschlossenen Gefrierbehälter 1 Stunde lang einfrieren.

Wenn das Sorbet länger gefroren war und zu hart geworden ist, den Deckel abnehmen und 15 Minuten vor dem Servieren im Kühlschrank antauen lassen.

In Eiswaffeln reichen, die zuvor in geschmolzene Schokolade und dann in Zuckerstreusel getaucht wurden.

Sorbetto di Lamponi

HIMBEERSORBET

Dieses Sorbet fülle ich in eine große Eiswaffel, in das vorher Orangen-, Zitronen- und Litschistücke gefüllt wurden. Damit mache ich gerne nach italienischer Art meine passeggiata – meinen abendlichen Spaziergang durch die Stadt. Während der Saison werden auf dem Campo di Fiori in Rom viele verschiedene Sorten weißer und roter Himbeeren angeboten. Verwenden Sie für dieses Rezept weiße Himbeeren – eigentlich sind sie leicht orange-rosa – und zum Garnieren die roten.

Für 4–6 Personen

250 g Himbeeren
25 g Traubenzucker
Saft von 1 Zitrone
125 g extrafeiner Zucker
225 ml Wasser

Himbeeren, Traubenzucker und Zitronensaft in einen Mixer geben und beiseite stellen.

Zucker und Wasser in einem Topf etwa 4 Minuten leicht erhitzen, bis sich der Zucker gelöst hat. Den Topf schwenken, damit am Boden verbliebene Zuckerkristalle verschwinden, dann vom Herd nehmen und 20 Minuten abkühlen lassen.

Die Himbeeren im Mixer mit dem abgekühlten Zuckersirup über- gießen und pürieren. Das Püree mit dem Rücken einer Kelle in kreisförmigen Bewegungen durch ein feinmaschiges Sieb in eine Schüssel streichen. Die Kerne im Sieb wegwerfen. Die Masse 30 Minuten im Kühlschrank abkühlen lassen.

Mit einer Eismaschine nach Anleitung des Herstellers oder nach der Methode auf Seite 19 rühren, bis die Masse gefroren ist. In einem verschlossenen Gefrierbehälter 4 Stunden einfrieren.

Wenn das Sorbet länger gefroren war und zu hart geworden ist, den Deckel abnehmen und 15 Minuten vor dem Servieren im Kühl- schrank antauen lassen.

Sorbetto di Rosa Rossa

SORBET MIT ROTEN ROSEN

Achten Sie darauf, dass die duftenden Rosenblüten ungespritzt sind. Glycerin hat unter anderem die Eigenschaft, Blüten zu konservieren. Hier dient es dazu, die dunkle Farbe der eingelegten Blüten aufzuhellen. Als Kind habe ich aus Rosenblättern Duftwasser gebraut und war immer enttäuscht, dass es keine schöne Farbe hatte, bis mir meine Mutter diesen Trick zeigte.

Für 4–6 Personen

250 g extrafeiner Zucker

450 ml kaltes Wasser

100 g stark duftende rote
   Rosenblüten, etwa 16 Rosen
   und einige Blütenblätter
   zum Kandieren oder kandierte Rosenblüten

6 EL Rosenessenz
   (Rosenwasser)

2 TL Glycerin

Saft von 1 Zitrone

Zum Kandieren
1 Eiweiß, leicht verschlagen
100 g extrafeiner Zucker

Zucker und 250 Milliliter Wasser in einem Topf etwa 4 Minuten leicht erhitzen, bis sich der Zucker gelöst hat. Die Rosenblütenblätter in den Zuckersirup einlegen, bis sie leicht welken, dann 200 Milliliter kaltes Wasser und die Rosenessenz zufügen und 30 Minuten abkühlen lassen. Das Glycerin zufügen.

Die Blütenblätter 5 Stunden oder über Nacht im Sirup eingelegt lassen und von Zeit zu Zeit herunterdrücken.

Zitronensaft hinzufügen, und den Sirup in eine Schüssel abseihen. Nach der Anleitung des Herstellers mit einer Eismaschine oder nach der Methode auf Seite 19 rühren, bis die Flüssigkeit gefroren ist. Vor dem Servieren in einem verschlossenen Gefrierbehälter 4 Stunden einfrieren.

Wenn das Sorbet länger gefroren war und zu hart geworden ist, den Deckel abnehmen und 20–30 Minuten vor dem Servieren im Kühlschrank antauen lassen.

Zum Kandieren die zusätzlichen Rosenblätter mit Eiweiß bestreichen und in den extrafeinen Zucker drücken. An einer warmen und trockenen Stelle auf dem Rost hart werden lassen. In einem luftdichten Behälter sind sie bis zu einer Woche haltbar.

BROMBEERSORBET

Dieses schöne, dunkle Sorbet ist besonders aromatisch. Mora ist auch der Name der antiken Maulbeere – an die man fast nicht herankommt, es sei denn, man besitzt einen eigenen Baum. Am besten verwendet man frische Brombeeren; tiefgekühlte Brombeeren nur 20 Minuten auftauen lassen und dann verarbeiten.

Für 6 Personen

125 g extrafeiner Zucker
225 ml Wasser
250 g Brombeeren
25 g Traubenzucker
Saft von 1 Limone

Zucker und Wasser in einem Topf etwa 4 Minuten leicht erhitzen, bis sich der Zucker gelöst hat. Den Topf schwenken, damit am Boden verbliebene Zuckerkristalle verschwinden, und den Sirup zum Abkühlen in eine Schüssel füllen.

Die Brombeeren mit dem Traubenzucker, dem abgekühlten Sirup und dem Limonensaft in einem Mixer pürieren. Das Püree mit dem Rücken einer Kelle in kreisförmigen Bewegungen durch ein engmaschiges Sieb in eine Schüssel streichen. Die Rückstände im Sieb wegwerfen. Die Masse 30 Minuten im Kühlschrank abkühlen lassen.

Mit einer Eismaschine nach Anleitung des Herstellers oder nach der Methode auf Seite 19 rühren, bis die Masse gefroren ist. In einem verschlossenen Gefrierbehälter 1 Stunde einfrieren.

Wenn das Sorbet länger gefroren war und zu hart geworden ist, den Deckel abnehmen und 20 Minuten vor dem Servieren im Kühlschrank antauen lassen.

Fiori di Sambuco

HOLUNDERBLÜTENSORBET

Für dieses Sorbet ist die Qualität des Holunderblütensirups entscheidend. Wenn Sie den Sirup selbst herstellen, pflücken Sie die Blüten morgens, bevor die Sonne darauf scheint, und an Stellen, die keinen Autoabgasen ausgesetzt sind. Dieses Sorbet kann man sehr gut für ein feines Dinner mit anderen Sorbets, zum Beispiel Sorbet mit roten Rosen (siehe Seite 51), servieren. Besonders eignen sich dazu Likörgläser, die in eine mit gefrorenen Blüten dekorierte und mit Eis gefüllte Schale gestellt werden (siehe Seite 150).

Für 4–6 Personen

400 ml Holunderblütensirup
150 ml stilles Mineralwasser

Sirup und Wasser in einer Schüssel mischen und im Tiefkühlgerät 10 Minuten abkühlen lassen.

Mit einer Eismaschine nach Anleitung des Herstellers oder nach der Methode auf Seite 19 rühren, bis die Masse gefroren ist. In einem verschlossenen Gefrierbehälter 3 Stunden einfrieren.

Wenn das Sorbet länger gefroren war und zu hart geworden ist, den Deckel abnehmen und 25–30 Minuten vor dem Servieren im Kühlschrank antauen lassen.

Sorbetto di Mango

MANGOSORBET

Für 6 Personen

100 g extrafeiner Zucker
100 g Traubenzucker
100 ml Wasser
500 g Mangofleisch aus der
    Dose

Zucker, Traubenzucker und Wasser in einem Topf etwa 4 Minuten leicht erhitzen, bis sich der Zucker gelöst hat.

Topf schwenken, damit am Boden verbliebene Zuckerkristalle verschwinden, den Sirup zum Abkühlen in eine Schüssel füllen. Mangofleisch zum abgekühlten Sirup geben, für 30 Minuten kühl stellen.

Mit einer Eismaschine nach Anleitung des Herstellers oder nach der Methode auf Seite 19 rühren, bis die Masse gefroren ist. In einem verschlossenen Gefrierbehälter 4 Stunden einfrieren. Dieses Sorbet bleibt weich, auch wenn es länger gefroren war.

Sorbetto di Fico d'India

KAKTUSFEIGENSORBET

Kaktusfeigen gelangten etwa im 16. Jahrhundert aus Mittel- und Südamerika in den Mittelmeerraum und sind dort heute als Wild- und Kultursorten weit verbreitet. Lassen Sie sich von den Stacheln nicht abschrecken – sie werden abgeschnitten. Kaktusfeigen sind eine besondere Delikatesse, es gibt sie in verschiedenen Varianten, von Gelb, über Hellgrün, Violett, Rosa bis Rot, und alle haben eine grelle Fleischfarbe.

Für 4–6 Personen

100 g extrafeiner Zucker

25 g Traubenzucker

250 ml Wasser

Saft von 2 Zitronen

15 Kaktusfeigen, etwa 1 kg

¼ Teigmenge *Meringa Italiana* (siehe Seite 153)

Zucker, Traubenzucker und Wasser in einem Topf etwa 4 Minuten leicht erhitzen, bis sich der Zucker gelöst hat. Den Topf schwenken, damit alle Zuckerkristalle verschwinden, den Zitronensaft zugeben, und den Sirup zum Abkühlen in eine Schüssel füllen.

Die Kaktusfeigen schälen, dazu seitlich auf eine Gabel nehmen, und mit einem scharfen Messer die beiden Enden abschneiden. Mit Messer und Gabel die dünne Schale entfernen und genau darauf achten, dass keine Stacheln zurückbleiben. Die Hälfte der geschälten Früchte im Mixer pürieren und mit dem Rücken einer Kelle in kreisförmigen Bewegungen durch ein engmaschiges Sieb streichen. Den Vorgang mit der zweiten Hälfte wiederholen. Den abgekühlten Sirup unter das Püree rühren, etwas davon mit der *Meringa*-Masse gründlich mischen, dann das restliche Püree einrühren. 30 Minuten im Kühlschrank abkühlen lassen.

Mit einer Eismaschine nach Anleitung des Herstellers oder nach der Methode auf Seite 19 rühren, bis die Masse gefroren ist. In einem verschlossenen Gefrierbehälter 2 Stunden einfrieren.

Wenn das Sorbet länger gefroren war und zu hart geworden ist, den Deckel abnehmen und 45 Minuten vor dem Servieren im Kühlschrank antauen lassen.

Tipp: Stellen Sie eine Teigmenge *Meringa Italiana* wie im Rezept her, und formen Sie aus dem Rest Baisers – auf ein Blech spritzen und bei 120 °C 1½ Stunden backen. Die Baisers sind luftdicht verpackt eine Woche haltbar.

Sorbetto di Vernaccia di San Gimignano

WEISSWEINSORBET

In der mittelalterlichen toskanischen Hügelstadt San Gimignano verwendet Sergio Dondole von der Gelateria di Piazza für dieses Rezept den heimischen Weißwein Vernaccia di San Gimignano. Dieser Wein galt bereits in der Renaissance als Italiens bester Wein und erhielt als Erster Mitte der 1960er-Jahre das italienische Herkunftszertifikat DOC. Mit seinem lieblichen bis mineralischen Bouquet eignet er sich perfekt für mein Lieblingssorbet. Sergio meint, man solle es unbedingt mit anderen Eissorten kombinieren, und ich empfehle dazu Kiwieis und Himbeersorbet. Insgeheim esse ich es aber lieber pur.

Für 6–8 Personen

150 g extrafeiner Zucker
175 ml Wasser
400 ml *Vernaccia di*
    San Gimignano

Zucker und Wasser in einem Topf etwa 4 Minuten leicht erhitzen, bis sich der Zucker gelöst hat. Den Topf schwenken, damit am Boden verbliebene Zuckerkristalle verschwinden, und den Sirup zum Abkühlen in eine Schüssel füllen. Den Wein einrühren. Etwa 30 Minuten im Kühlschrank abkühlen lassen.

Mit einer Eismaschine nach Anleitung des Herstellers oder nach der Methode auf Seite 19 rühren, bis die Masse gefroren ist.

Vor dem Servieren in einem verschlossenen Gefrierbehälter 2–4 Stunden einfrieren.

Dieses Sorbet bleibt wegen des enthaltenen Weins sehr weich. Ich habe es so am liebsten; mehr Wasser würde es fester werden lassen, es verlöre dadurch aber an Geschmack.

Wenn es länger gefroren war, kann sich der Sirup absetzen; schlagen Sie das Sorbet dann mit dem Rührgerät in einer Schüssel auf, und frieren Sie es vor dem Servieren 1 Stunde lang erneut ein.

Rechts: Weißweinsorbet (im Bild rechts) mit Kiwieis (siehe Seite 117)

Sorbetto di Limone tra Brioche

ZITRONENSORBET MIT BRIOCHE

Auf Sizilien gibt es rund zehn verschiedene Zitronensorten, beispielsweise Feminello, eine von den Arabern im 9. Jahrhundert eingeführte Sorte. Mein Zitronensorbet ist etwas saurer als nach den meisten Rezepten – ich mag es so lieber. In eine Brioche gefüllt starten die Sizilianer mit diesem Sorbet noch lieber in den Tag als mit Granita di Caffè. *Junge Italiener geben es auch gerne in ihr Bier.*

Für 4–6 Personen

Geriebene Schale und Saft von
   16 unbehandelten Zitronen
   (etwa 600 ml Saft)
300 g extrafeiner Zucker
500 ml kaltes Wasser
Italienische Brioches zum Servieren

Zitronenschale, Zucker und Wasser in einem Topf etwa 4 Minuten leicht erhitzen, bis sich der Zucker gelöst hat. Den Topf schwenken, damit am Boden verbliebene Zuckerkristalle verschwinden, und den Sirup zum Abkühlen in eine Schüssel füllen.

Sirup durch ein Sieb abgießen und den Zitronensaft hinzufügen. Die Rückstände im Sieb wegwerfen.

Mit einer Eismaschine nach Anleitung des Herstellers oder nach der Methode auf Seite 19 rühren, bis die Masse gefroren ist. In einem verschlossenen Gefrierbehälter 3 Stunden einfrieren.

Wenn das Sorbet länger gefroren war und zu hart geworden ist, den Deckel abnehmen und 15 Minuten vor dem Servieren im Kühlschrank antauen lassen.

Sorbetto di Fragole

ERDBEERSORBET

Dieses Sorbet ist im Sommer am aromatischsten, wenn man frische rote Erdbeeren verwenden kann. Servieren Sie es mit anderen Sorbets oder mit Erdbeersahneeis (siehe Seite 80) vermischt in kleinen Schalen. Ein noch kräftigeres Rot erzielt man durch Zufügen von etwas alkoholfreiem Grenadinesirup.

Für 4–6 Personen

500 g reife Erdbeeren
25 g Traubenzucker
100 g extrafeiner Zucker
100 ml Wasser
Saft von 1 Limone
Nach Belieben 2 TL Grenadinesirup

Die Erdbeeren waschen, entstielen und mit Traubenzucker in einem Mixer pürieren. Das Püree mit dem Rücken einer Kelle in kreisförmigen Bewegungen durch ein engmaschiges Sieb in eine Schüssel streichen. Die Rückstände im Sieb wegwerfen. Bis zur Weiterverarbeitung in den Kühlschrank stellen.

Zucker und Wasser in einem Topf etwa 4 Minuten leicht erhitzen, bis sich der Zucker gelöst hat. Den Topf schwenken, damit am Boden verbliebene Zuckerkristalle verschwinden, und den Sirup zum Abkühlen in eine Schüssel füllen.

Erdbeerpüree und Zuckersirup vermischen, Limonensaft und gegebenenfalls Grenadinesirup zufügen. Nach Anleitung des Herstellers mit einer Eismaschine oder nach der Methode auf Seite 19 rühren, bis die Masse gefroren ist.

Vor dem Servieren in einem verschlossenen Gefrierbehälter 3 Stunden einfrieren. Wenn das Sorbet länger gefroren war und hart geworden ist, den Deckel abnehmen und 20-30 Minuten vor dem Servieren im Kühlschrank antauen lassen.

Umseitig: Die atemberaubende Aussicht von San Gimignano.

Sorbetto Bellini

BELLINI-SORBET

Das ist der klassische Cocktail von Harry's Bar in Venedig – benannt nach dem venezianischen Künstler Giovanni Bellini – und ein ebenso hervorragendes Sorbet. Ich gare die Pfirsiche im Ofen, um den Geschmack zu intensivieren und die Farbe zu erhalten, die durch die Himbeeren einen schönen Stich Rosa erhält.

Für 4–6 Personen

6 Pfirsiche
100 g Himbeeren
25 g Traubenzucker
100 g extrafeiner Zucker
1 Flasche Prosecco di Valdobbiadene oder ein anderer hochwertiger Prosecco, gekühlt

Den Ofen auf 200 °C vorheizen. Die Pfirsiche halbieren, die Steine nicht herausnehmen. Die Pfirsichhälften auf ein Backblech legen und mit 2 Esslöffeln Zucker bestreuen. Mit Alufolie zugedeckt 20–30 Minuten backen, bis sie zart sind. Aus dem Ofen nehmen und abkühlen lassen, dann von Haut und Steinen befreien.

Pfirsiche, Himbeeren und Traubenzucker in einem Mixer pürieren. Das Püree mit dem Rücken einer Kelle in kreisförmigen Bewegungen durch ein engmaschiges Sieb in eine Schüssel streichen. Im Sieb verbliebene Rückstände wegwerfen. 30 Minuten abkühlen lassen.

Den restlichen Zucker und 200 Milliliter Prosecco in einem Topf etwa 4 Minuten leicht erhitzen, bis sich der Zucker gelöst hat. Den Topf schwenken, damit am Boden verbliebene Zuckerkristalle verschwinden, dann vom Herd nehmen und abkühlen lassen. Mit dem Früchtepüree verrühren.

In einer Eismaschine nach der Anleitung des Herstellers gefrieren. Sie können das Sorbet direkt aus der Eismaschine servieren, wenn es noch weich ist, oder vorher in einem verschlossenen Gefrierbehälter 1 Stunde tiefkühlen. Es lässt sich auch mit der auf Seite 19 beschriebenen Methode herstellen. Wenn es länger gefroren war und hart geworden ist, den Deckel abnehmen und 20 Minuten vor dem Servieren im Kühlschrank antauen lassen.

Geben Sie zum Servieren zwei kleine Löffel Sorbet in eine Proseccoschale, und übergießen Sie es mit gekühltem Prosecco.

Sorbetto di Mele

APFELSORBET

Die Zubereitung entspricht einem Eis, denn Sorbets werden normalerweise nicht aus Milchprodukten hergestellt. Bei diesem Rezept wird jedoch eine so geringe Menge Sahne verwendet, dass die Sorbet-Struktur erhalten bleibt. Ich serviere es gerne mit den Apfelchips von Seite 148 als tramezzino (Sandwich).

Für 6–8 Personen

650 g aromatische Äpfel, beispielsweise Cox, geviertelt und entkernt (mit Schale)
125 g extrafeiner Zucker
50 g Traubenzucker
200 ml Wasser
200 ml Apfelsaft
100 ml Schlagsahne
3 EL Vin Santo (etwa La Sala)
Apfelchips zum Garnieren (siehe Seite 148)

Die grob geschnittenen Äpfel, Zucker, Traubenzucker, Wasser und Saft in einen großen Topf geben. Leicht erhitzen, bis sich der Zucker gelöst hat, dann stärker erhitzen und zum Kochen bringen. Bei geringer Hitze 10 Minuten köcheln lassen, bis die Äpfel sehr weich sind. Vom Herd nehmen und 10 Minuten abkühlen lassen.

Die abgekühlten Äpfel in einem Mixer pürieren, dann mit dem Rücken einer Kelle in kreisförmigen Bewegungen durch ein engmaschiges Sieb in eine Schüssel streichen. 1 Stunde abkühlen lassen, nun die Schlagsahne und den Vin Santo unterrühren. Weitere 30 Minuten im Kühlschrank abkühlen lassen.

Mit einer Eismaschine nach Anleitung des Herstellers oder nach der Methode auf Seite 19 rühren, bis die Masse gefroren ist. In einem verschlossenen Gefrierbehälter 1¹/₂ Stunden einfrieren.

Wenn das Sorbet länger gefroren war und zu hart geworden ist, den Deckel abnehmen und 20 Minuten vor dem Servieren im Kühlschrank antauen lassen.

Schichtweise mit Apfelchips als *tramezzino* reichen.

Sorbetto di Avocado

AVOCADOSORBET

Dieses Sorbet stelle ich am liebsten nach der unten beschriebenen Gefriermethode her, weil Struktur und Empfinden im Mund dann angenehmer sind, als wenn es schnell gefroren wird. Mit Grissini (italienischen Brotstangen) gereicht, ist es auch ein wunderbarer Appetithappen.

Für 6 Personen

60 g extrafeiner Zucker
200 ml Wasser
1 Prise Salz
Saft von 2 Zitronen
125 ml saure Sahne
3 kleine reife Avocados

Zucker, 100 Milliliter Wasser und Salz in einem Topf etwa 4 Minuten leicht erhitzen, bis sich der Zucker gelöst hat. Den Topf schwenken, damit am Boden verbliebene Zuckerkristalle verschwinden, und den Sirup zum Abkühlen in eine Schüssel füllen. 30 Minuten im Kühlschrank abkühlen lassen.

Zitronensaft und saure Sahne in einen Mixer füllen. Avocados halbieren und entsteinen. Fleisch mit einem Teelöffel direkt aus der Schale in den Mixer geben und pürieren. Die Masse in einen Gefrierbehälter füllen. Die restlichen 100 Milliliter Wasser gut mit der Masse im Gefrierbehälter vermischen.

$1^{1}/_{2}$ Stunden einfrieren, aus dem Tiefkühlschrank nehmen und mit einer Gabel die gefrorenen Stellen vom Rand in die Mitte rühren. Eine weitere Stunde einfrieren. Herausnehmen und wieder mit der Gabel vermischen. Weitere $1^{1}/_{2}$ Stunden tiefgefrieren.

Die Masse mit einer Küchenmaschine durchrühren, bis sie weich ist, dann in einem verschlossenen Gefrierbehälter eine weitere Stunde einfrieren. Nun ist die Struktur genau richtig; wenn das Sorbet länger gefroren war und zu hart geworden ist, 45 Minuten vor dem Servieren im Kühlschrank antauen lassen.

Sorbetto di Lychee

LITSCHISORBET

Hier wird mit eingelegten Litschis gemogelt; sie sind aber geschmacklich trotzdem sehr gut und haben keine Kerne! Das Sorbet hat eine schneeartige Struktur. Ich serviere es gerne in Likörgläsern mit Gelato di Liquirizia *(Seite 92).*

Für 4–6 Personen

125 g extrafeiner Zucker
100 ml Wasser
3 Dosen Litschis (je etwa
   425 g, in dünnem Sirup)
Saft von ½ Zitrone

Zucker und Wasser in einem Topf etwa 4 Minuten leicht erhitzen, bis sich der Zucker gelöst hat. Den Topf schwenken, damit am Boden verbliebene Zuckerkristalle verschwinden, und den Sirup zum Abkühlen in eine Schüssel füllen.

Litschis in einem Sieb abtropfen lassen und im Mixer pürieren. Das Püree mit dem Rücken einer Kelle in kreisförmigen Bewegungen durch ein engmaschiges Sieb in eine Schüssel streichen. Die Rückstände im Sieb wegwerfen. Im Kühlschrank abkühlen lassen. Sirup, Litschisirup und Zitronensaft mischen.

Mit einer Eismaschine nach Anleitung des Herstellers oder nach der Methode auf Seite 19 rühren, bis die Masse gefroren ist. In einem verschlossenen Gefrierbehälter 3 Stunden einfrieren.

Wenn das Sorbet länger gefroren war und zu hart geworden ist, den Deckel abnehmen und 30 Minuten vor dem Servieren im Kühlschrank antauen lassen.

Sorbetto di Frutta di Passione

MARACUJASORBET

Sie können auch weniger Maracujas verwenden, aber ich mag es mit intensivem Fruchtgeschmack lieber. Verwenden Sie runzelige Früchte – so gehen Sie sicher, dass sie reif und aromatisch sind.

Für 4–6 Personen

150 g extrafeiner Zucker
150 ml Wasser
12 Maracujas
Saft von 2 Zitronen

Zucker und Wasser in einem Topf etwa 4 Minuten leicht erhitzen, bis sich der Zucker gelöst hat. Den Topf schwenken, damit am Boden verbliebene Zuckerkristalle verschwinden, und den Sirup zum Abkühlen in eine Schüssel füllen.

Maracujas halbieren und das Fruchtfleisch mit einem Teelöffel in den Mixer schaben. Kurz pürieren und dann durch ein engmaschiges Sieb in eine Schüssel streichen. Damit wird die Geleehülle von den Kernen getrennt, ohne dass diese zerdrückt werden. In kreisförmigen Bewegungen mit dem Rücken einer Kelle so viel Fruchtfleisch und Saft wie möglich durch das Sieb streichen.

Zuckersirup und Zitronensaft einrühren. 30 Minuten im Kühlschrank abkühlen lassen.

Mit einer Eismaschine nach Anleitung des Herstellers oder nach der Methode auf Seite 19 rühren, bis die Masse gefroren ist. In einem verschlossenen Gefrierbehälter 1$\frac{1}{2}$ Stunden einfrieren.

Wenn das Sorbet länger gefroren war und zu hart geworden ist, den Deckel abnehmen und 15 Minuten vor dem Servieren im Kühlschrank antauen lassen.

Sorbetto di Melagrana

GRANATAPFELSORBET

Der Granatapfel stammt aus Persien und war bis vor kurzem vor allem im Nahen Osten und im Mittelmeerraum beliebt. Inzwischen erfährt er wegen seiner gesundheitsförderlichen Eigenschaften immer weitere Verbreitung. Das feine Aroma belohnt für die aufwendige Zubereitung dieser Früchte mit ihren geleeartigen saftigen Kernen. Verwenden Sie zum Entsaften eine Zitronenpresse oder einen elektrischen Entsafter.

Für 4–6 Personen

125 g extrafeiner Zucker
100 ml Wasser
Saft von 1 Zitrone
6 große Granatäpfel
 (für 600 ml Saft)

Zum Servieren
Zerstoßene Granatapfel-
 eiswürfel
Marinierte Granatapfelkerne
 (siehe Seite 152)

Zucker und Wasser in einem Topf etwa 4 Minuten leicht erhitzen, bis sich der Zucker gelöst hat. Den Topf schwenken, damit am Boden verbliebene Zuckerkristalle verschwinden, den Zitronensaft zugeben, und den Sirup zum Abkühlen in eine Schüssel füllen.

Die Granatäpfel einzeln halbieren, damit kein Saft verloren geht, und mit einer Zitronenpresse oder einem Entsafter so viel Saft wie möglich herauspressen. Die Geleehüllen sitzen sehr fest auf den Kernen, so dass man am besten mit der Hand noch einmal nachpresst, um wirklich den ganzen Saft zu erhalten. Den Saft durch ein engmaschiges Sieb abseihen und mit abgekühltem Sirup vermischen.

Mit einer Eismaschine nach Anleitung des Herstellers oder nach der Methode auf Seite 19 rühren, bis die Masse gefroren ist. In einem verschlossenen Gefrierbehälter 1 Stunde einfrieren.

Wenn das Sorbet länger gefroren war und zu hart geworden ist, den Deckel abnehmen und 40 Minuten vor dem Servieren im Kühlschrank antauen lassen.

Mit zerstoßenen Granatapfeleiswürfeln (einfach den Saft in einen Eiswürfelbehälter gießen und gefrieren) und einem Löffel marinierten Granatapfelkernen servieren.

PESTOSORBET

Dieses Sorbet kann man als Antipasto mit Grissini zum Dippen reichen. Verwenden Sie bei diesem Rezept am besten leicht salziges San Pellegrino.

Zucker und 60 Milliliter Mineralwasser in einem Topf etwa 4 Minuten leicht erhitzen, bis sich der Zucker gelöst hat. Den Topf schwenken, damit am Boden verbliebene Zuckerkristalle verschwinden, und den Sirup zum Abkühlen in eine Schüssel füllen.

Sirup, Basilikum, Knoblauch, Pinienkerne und Parmesan in einem Mixer pürieren. Mixer eingeschaltet lassen und nach und nach das Öl und das restliche Mineralwasser zugießen.

Mit einer Eismaschine nach Anleitung des Herstellers oder nach der Methode auf Seite 19 rühren, bis die Masse gefroren ist. Vor dem Servieren in einem verschlossenen Gefrierbehälter 1 Stunde einfrieren.

Wenn das Sorbet länger gefroren war und zu hart geworden ist, den Deckel abnehmen und 30 Minuten vor dem Servieren im Kühlschrank antauen lassen.

Für 6–8 Personen

60 g extrafeiner Zucker

310 ml kohlensäurehaltiges
  Mineralwasser (am besten
  San Pellegrino), gekühlt

75 g frisches Basilikum

1 kleine Knoblauchzehe,
  5 Minuten in kochendem
  Wasser blanchiert, geschält
  und zerdrückt

3 EL Pinienkerne, angeröstet

40 g fein geriebener Parmesan

5 EL natives Olivenöl »extra«

Sorbetto di Finocchio

FENCHELSORBET

Dieses Rezept entstand, nachdem ich eine kleine Flasche Sorrentiner Liquore di Finocchietto *geschenkt bekam, ein Likör aus wildem Fenchel. Wenn Sie selbst frischen Fenchel im Kräuterbeet haben, können Sie auch etwas zusätzliches Fenchelkraut verwenden, damit erhält das Sorbet eine kräftigere Farbe. Der Fenchel wird erst kurz vor dem Einfrieren blanchiert und püriert, damit Farbe und Aroma erhalten bleiben. Auch bei diesem Sorbet verwende ich gerne die manuelle Gefriermethode.*

Für 6 Personen

175 g extrafeiner Zucker

150 ml Wasser

100 ml trockener Weißwein

1 Prise Salz

500 g frische Florentiner
  Fenchelknolle mit Kraut

2 frische Stängel Fenchelkraut

Nach Belieben 2 EL *Liquore di
  Finocchietto*

Zucker, Wasser, Wein und Salz in einem Topf etwa 4 Minuten leicht erhitzen, bis sich der Zucker gelöst hat. Den Topf schwenken, damit am Boden verbliebene Zuckerkristalle verschwinden, und den Sirup zum Abkühlen in eine Schüssel füllen. 30 Minuten im Kühlschrank abkühlen lassen.

Die Fenchelknolle waschen, den Strunk am unteren Ende herausschneiden, das Kraut mit den zusätzlichen Stängeln in ein engmaschiges Sieb schneiden. Die Fenchelknolle fein schneiden und in einem Topf mit kochendem Wasser 1 Minute blanchieren. Den Topfinhalt direkt über das Fenchelkraut im Sieb abgießen und mit fließend kaltem Wasser abschrecken, bis der Fenchel erkaltet ist. So bleibt die Farbe erhalten, und der Garvorgang wird unterbrochen.

Den Siebinhalt mit etwas abgekühltem Zuckersirup im Mixer pürieren. Das Püree so weit wie möglich mit dem Rücken einer Kelle in kreisförmigen Bewegungen durch ein engmaschiges Sieb in eine Schüssel streichen. Im Sieb verbliebene Reste mit dem übrigen Sirup im Mixer pürieren und nochmals durch das Sieb streichen.

Gegebenenfalls den *Liquore* untermischen, die Masse in einen Gefrierbehälter füllen und nach der Methode auf Seite 19 gefrieren. Zugedeckt 2 Stunden vor dem Servieren einfrieren.

Wenn das Sorbet länger gefroren war und hart geworden ist, den Deckel abnehmen und 40 Minuten vor dem Servieren im Kühlschrank antauen lassen.

Ghiacciolo alla Frutta

EISLOLLIES (EIS AM STIEL)

Dieses Wassereis muss nicht gerührt werden – es werden einfach nach Geschmack gesüßte Fruchtsäfte mit einem Holzstiel eingefroren. Man kann sie dann in geschmolzene dunkle Schokolade und bunte Zuckerstreusel tauchen – als meine Kinder klein waren, habe ich sie ab und zu damit verwöhnt.

Ergibt 12 Stück, 4 von jeder
    Sorte

Orange
Saft von 2 mittelgroßen
    Orangen
1$^1/_2$ TL extrafeiner Zucker

Granatapfel
Saft von 4 großen Granat-
    äpfeln
1 TL extrafeiner Zucker

Himbeer
100 g Himbeeren
100 ml stilles Mineralwasser
Etwas Zitronensaft
2 TL extrafeiner Zucker

Zum Dekorieren
125 g Zartbitter- oder Halb-
    bitterschokolade
30 g bunte Zuckerstreusel

Für die Orangenlollies den Orangensaft in eine Schüssel füllen und den Zucker einrühren.

Für die Granatapfellollies den Granatapfelsaft in eine andere Schüssel füllen und den Zucker einrühren.

Für die Himbeerlollies Himbeeren, Wasser, Zitronensaft und Zucker in einem Mixer pürieren. Das Püree vorsichtig durch ein engmaschiges Sieb in eine Schüssel streichen und die Rückstände im Sieb wegwerfen. Gegebenenfalls Wasser zufügen.

Die Säfte in je vier Eislolly-Behälter (50 Milliliter) füllen, mit Alufolie bedecken und einen Holzstiel in die Mitte jeder Form stecken. 6 Stunden oder über Nacht einfrieren.

Kurz unter warmes Leitungswasser halten und aus den Formen lösen, dann auf einem mit Wachspapier ausgelegten Tablett erneut einfrieren.

Die Schokolade in einer kleinen Schüssel schmelzen und etwa 15 Minuten abkühlen lassen, so dass sie noch flüssig ist. Die Zuckerstreusel in eine Tasse geben. Die einzelnen Lollies erst in die Schokolade tauchen und abtropfen lassen, dann in die Zuckerstreusel drücken. Wieder einfrieren, bis sie gegessen werden (am besten bald, spätestens am nächsten Tag).

EIS

Gelato di Crema

CREMEEIS

Dieses Eis ist die Grundlage für Eisdesserts wie Pückler-Schnitte (siehe Seite 141) und Eisbomben wie spumone *(siehe Seite 135). In der Gelateria Combattenti in San Gimignano wird daraus Spaghettieis hergestellt.*

Für 8 Personen

Ergibt etwa 1,2 Liter vor dem
  Gefrieren

300 ml Crème double
700 ml Vollmilch
8 große Eigelb
200 g extrafeiner Zucker
3 EL Magermilchpulver

Crème double und Milch in einem Topf vorsichtig erhitzen, bis sie zu kochen beginnen.

In der Zwischenzeit Eigelb, Zucker und Magermilchpulver in einer hitzebeständigen Schüssel verquirlen, bis die Masse hell wird. Milch und Sahne heiß in die Eimasse einrühren.

Den Topf ausspülen und die Eiercreme einfüllen. Bei mittlerer Hitze unter ständigem Rühren 8–10 Minuten erwärmen, bis die Creme auf einem Zuckerthermometer 75 °C erreicht hat. Nicht heißer werden oder kochen lassen, sonst gerinnt die Eiercreme. Die Creme wird beim Abkühlen in einer breiten Schüssel etwas fester. Für 30 Minuten in den Kühlschrank stellen.

Nach Anleitung des Herstellers mit einer Eismaschine oder nach der Methode auf Seite 19 rühren, bis die Creme gefroren ist (gegebenenfalls in zwei Hälften verarbeiten). Vor dem Servieren in einem verschlossenen Gefrierbehälter 2¹/₂ Stunden einfrieren. Wenn das Eis länger gefroren war und zu hart geworden ist, Deckel abnehmen und etwa 45 Minuten vor dem Servieren im Kühlschrank antauen lassen.

Hinweis: Sie können diesem Eis auch Alkohol zugeben, etwa den bekannten italienischen Likör Amaretto, oder *Galliano* oder *Strega,* die gelben Kräuterliköre mit starker Anisnote. Auch *Frangelico,* der Haselnusslikör, oder der mit Anis und anderen Gewürzen aromatisierte Sambuca eignen sich sehr gut. Alkohol senkt den Gefrierpunkt, sodass sich weniger Eiskristalle bilden – verwenden Sie daher nur 60 Milliliter Likör auf 500 Milliliter ungefrorenes Eis. Sie können auch Nüsse, Schokolade und kandierte Früchte untermischen.

Gelato di Fragole

ERDBEERSAHNEEIS

Verwenden Sie für dieses Eis rote, sonnengereifte Erdbeeren. Schmecken Sie die Masse gegebenenfalls mit etwas Zitronensaft ab, um sie noch aromatischer zu machen. Wenn das Eis gefroren ist, können Sie es marmorieren. Dazu das frisch hergestellte Eis in einen Gefrierbehälter füllen, Erdbeersorbet (siehe Seite 59) darauf löffeln und mit dem Löffelstiel unterheben. Mit frischen Erdbeerstücken servieren.

Für 6–8 Personen

300 ml Vollmilch
100 ml Schlagsahne
4 Eigelb
150 g extrafeiner Zucker
500 g reife Erdbeeren, weitere
   zum Garnieren
Saft von ¹/₂ Zitrone

Milch und Sahne in einem Topf vorsichtig erhitzen, bis sie zu kochen beginnen. In der Zwischenzeit Eigelb und Zucker in einer Schüssel verquirlen, bis die Masse hell wird. Milch und Sahne heiß in die Eimasse einrühren.

Den Topf ausspülen und die Eiercreme einfüllen. Bei mittlerer Hitze unter ständigem Rühren 8–10 Minuten erwärmen. Sobald die Eiercreme zu dampfen beginnt, mit einem Zuckerthermometer die Temperatur überwachen und die Creme rühren, bis 75 °C erreicht sind. Nicht heißer werden lassen, sonst gerinnt die Eiercreme.

In eine große Schüssel füllen und abkühlen lassen; die Masse wird dabei fester. Die Erdbeeren entstielen und mit dem Zitronensaft in einem Mixer pürieren. Das Püree mit dem Rücken einer Kelle in kreisförmigen Bewegungen durch ein engmaschiges Sieb in eine Schüssel streichen. Die Rückstände im Sieb wegwerfen. Püree mit der kalten Eiercreme mischen. Für 30 Minuten in den Kühlschrank stellen.

Nach Anleitung des Herstellers mit einer Eismaschine oder nach der Methode auf Seite 19 rühren, bis die Masse gefroren ist.

Vor dem Servieren in einem verschlossenen Gefrierbehälter 4 Stunden einfrieren. Wenn das Eis länger gefroren war und zu hart geworden ist, den Deckel abnehmen und etwa 30 Minuten vor dem Servieren im Kühlschrank antauen lassen.

Gelato di Lime e Mascarpone

LIMONENSAHNEEIS MIT MASCARPONE

Dieses Eis ist besonders einfach herzustellen. Ich esse es sehr gerne mit Amarenakirschen in Sirup. Das sind leicht säuerliche Kirschen – amaro bedeutet »herb« –, die man in Gläsern kaufen kann. Reichen Sie dazu amaretti morbidi, kleine, weiche italienische Mandelplätzchen, die Sie einige Sekunden in einer heißen Grillpfanne geröstet haben.

Für 6–8 Personen

200 g extrafeiner Zucker
300 ml Vollmilch
250 g Mascarpone
400 g Limonen (225 ml Saft)

Zucker und Milch in einem Topf etwa 4 Minuten leicht erhitzen, bis sich der Zucker gelöst hat. Den Topf schwenken, damit am Boden verbliebene Zuckerkristalle verschwinden. Den Milchsirup zum Abkühlen in eine Schüssel füllen.

Mascarpone in einer Schüssel glatt rühren. Nach und nach den abgekühlten Milchsirup zufügen. Die Limonen auspressen und mit Fruchtfleisch unter die Mascarponecreme rühren. 30 Minuten im Kühlschrank abkühlen lassen.

Nach Anleitung des Herstellers mit einer Eismaschine oder nach der Methode auf Seite 19 rühren, bis die Masse gefroren ist. Vor dem Servieren in einem verschlossenen Gefrierbehälter 3 Stunden einfrieren.

Wenn das Eis länger gefroren war und zu hart geworden ist, den Deckel abnehmen und etwa 20 Minuten vor dem Servieren im Kühlschrank antauen lassen.

Gelato al caffè

KAFFEECREMEEIS

Dieses Eis ist wie Cremeeis und Vanillemilcheis die Grundlage für verschiedene Eisdesserts; ich stelle daher gerne eine größere Menge her. Dieses Rezept ergibt 1,3 Liter Creme und muss gegebenenfalls in zwei Hälften zu Eis verarbeitet werden. Ich serviere es gerne mit panna montata, *der locker geschlagenen Sahne, mit der die Italiener gerne ihr Eis verzieren, als* tramezzino – *Sandwich zwischen zwei hellen Baiserblättern (siehe rechts).*

Für 12 Personen
  (6–8 *tramezzini)*

80 g fein gemahlener Kaffee
400 ml kochendes Wasser
8 Eigelb
125 g brauner Zucker
1 Prise Salz
500 ml Vollmilch
500 ml Schlagsahne
1 TL hochwertiger Vanilleextrakt, beispielsweise Bour-
  bon-Vanille aus Madagaskar

Zum Servieren
Panna montata (locker geschlagene Sahne)
Italienische Baiserblätter
  (siehe Seite 153)

Den Kaffee in einen Kaffeebereiter füllen und mit kochendem Wasser übergießen. 15 Minuten stehen lassen, dann den Pressfilter so weit wie möglich nach unten drücken. In eine Schüssel füllen und abkühlen lassen.

Eigelb, Zucker und Salz in einer hitzebeständigen Schüssel verquirlen, bis die Masse hell wird. Milch und Sahne in einem Topf vorsichtig erhitzen, bis sie zu kochen beginnen. Heiß in die Eimasse einrühren.

Den Topf ausspülen und die Eiercreme einfüllen. Bei mittlerer Hitze unter ständigem Rühren 8–10 Minuten erwärmen. Sobald die Eiercreme zu dampfen beginnt, mit einem Zuckerthermometer die Temperatur kontrollieren und die Creme rühren, bis 75 °C erreicht sind. Nicht heißer werden lassen, sonst gerinnt die Eiercreme.

Kaffee und Vanille zufügen und 30 Minuten im Kühlschrank abkühlen lassen. Nach Anleitung des Herstellers mit einer Eismaschine oder nach der Methode auf Seite 19 rühren, bis die Creme gefroren ist. Vor dem Servieren in einem verschlossenen Gefrierbehälter 1¹/₂–2 Stunden einfrieren.

Wenn das Eis länger gefroren war und zu hart geworden ist, den Deckel abnehmen und etwa 40 Minuten vor dem Servieren im Kühlschrank antauen lassen. Auf 6–8 Teller verteilt übereinanderschichten und mit einer Sahnehaube verzieren. Seitlich je zwei Baiserblätter an die Eistürmchen drücken und sofort servieren.

Gelato di Riso con Mascarpone

MILCHEIS MIT REIS UND MASCARPONE

Dieses Eis darf nicht länger gefroren werden als angegeben, sonst wird der Reis zu hart. Achten Sie auch darauf, dass der Reis gut durchgegart ist!

Für 4–6 Personen

850 ml Vollmilch
4 EL Magermilchpulver
75 g Risotto- oder Milchreis
175 g extrafeiner Zucker
6 Eigelb
125 g Mascarpone
2 EL Gin
5 Tropfen Orangenöl

350 Milliliter Milch in einen Topf füllen und bei mittlerer Hitze das Magermilchpulver unterrühren. Zum Kochen bringen und den Reis einrühren. Vom Herd nehmen und 1 Stunde quellen lassen, dann bei geringer Hitze 75 Gramm Zucker zufügen und langsam zum Kochen bringen. 15 Minuten köcheln lassen und von Zeit zu Zeit umrühren. Weitere 5 Minuten rühren, bis der Reis klebrig wird.

Die restlichen 500 Milliliter Milch in einem Topf zum Kochen bringen. Eigelb und den restlichen Zucker in einer hitzebeständigen Schüssel gut verquirlen, bis die Masse hell wird. Nun die heiße Milch unterrühren.

Den Topf ausspülen und die Eiercreme einfüllen. Bei mittlerer Hitze unter ständigem Rühren 8–10 Minuten erwärmen. Mit einem Zuckerthermometer die Temperatur kontrollieren, und die Eiercreme rühren, bis 75 °C erreicht sind. Nicht heißer werden lassen, sonst gerinnt die Creme. Mit dem Milchreis verrühren und 30 Minuten im Kühlschrank abkühlen lassen.

Mascarpone in eine Schüssel füllen und etwas Reiscreme dazugeben. Gut untermischen, dann die restliche Reiscreme einrühren. Gin und Orangenöl zufügen.

In einer Eismaschine nach Anleitung des Herstellers gefrieren. Vor dem Servieren in einem verschlossenen Gefrierbehälter 4 Stunden einfrieren oder die Masse durch ein weitmaschiges Sieb streichen und nach der Methode auf Seite 19 gefrieren. Nach dem letzten Rührvorgang in einem geschlossenen Gefrierbehälter 4 Stunden einfrieren. Wenn das Eis länger gefroren war und zu hart geworden ist, den Deckel abnehmen und 1³/₄ Stunden vor dem Servieren im Kühlschrank antauen lassen.

Bacio con Bianchini e Nocciole

SCHOKOLADENSAHNEEIS MIT HASELNUSSBAISER

Baiser, *französisch »küssen«, macht dieses beliebte Schokoladensahneeis zum* bacio, *»Kuss«, zu einer echten Versuchung. Ich verwende* bianchini, *»kleine weiße« Haselnussbaisers.*

Für 6–8 Personen

350 ml Vollmilch

4 Eier

125 g extrafeiner Zucker

250 g Halbbitterschokolade
    mit 54 % Kakao, in Stücke
    gebrochen

300 ml Schlagsahne

10 *bianchini* (Haselnussbaisers,
    siehe Seite 149)

3 EL geschälte und geröstete
    Haselnüsse, grob gehackt

Die Milch in einem Topf bei mittlerer Hitze zum Kochen bringen.

In der Zwischenzeit Eier und Zucker in einer hitzebeständigen Schüssel verquirlen. Die heiße Milch gut unterrühren.

Den Topf ausspülen und die Eiercreme einfüllen. Bei mittlerer Hitze unter ständigem Rühren 8–10 Minuten erhitzen. Sobald die Eiercreme zu dampfen beginnt, mit einem Zuckerthermometer die Temperatur kontrollieren und die Creme rühren, bis 75 °C erreicht sind. Nicht heißer werden lassen, sonst gerinnt die Eiercreme.

Die Schokoladenstücke in die heiße Creme einrühren, bis sie geschmolzen sind, dann abkühlen lassen und für 30 Minuten in den Kühlschrank stellen.

In einer anderen Schüssel die Sahne locker schlagen und unter die abgekühlte Schokoladencreme heben.

Nach Anleitung des Herstellers mit einer Eismaschine oder nach der Methode auf Seite 19 rühren, bis die Masse gefroren ist. Sechs grob zerstoßene *bianchini* und die Haselnüsse unterheben. Vor dem Servieren in einem verschlossenen Gefrierbehälter 2 Stunden einfrieren.

Wenn das Eis länger gefroren war und zu hart geworden ist, den Deckel abnehmen und etwa 20 Minuten vor dem Servieren im Kühlschrank antauen lassen.

Mit den restlichen *bianchini* dekorieren.

Gelato di Pesca e Mascarpone

PFIRSICHSAHNEEIS MIT MASCARPONE

Damit die Pfirsiche nicht braun werden, gefriere ich die Masse sofort, nachdem die Pfirsiche püriert und mit dem Mascarpone verrührt sind.

Für 6–8 Personen

160 g extrafeiner Zucker
160 ml Wasser
Saft von ½ Zitrone
250 g Mascarpone
5 reife Pfirsiche

Zucker und Wasser in einem Topf etwa 4 Minuten leicht erhitzen, bis sich der Zucker gelöst hat. Den Topf schwenken, damit am Boden verbliebene Kristalle verschwinden, und den Sirup zum Abkühlen in eine Schüssel füllen. Den Zitronensaft einrühren. 30 Minuten im Kühlschrank abkühlen lassen.

Mascarpone im Mixer mit dem abgekühlten Zuckersirup verrühren.

Die Pfirsiche am Stielansatz kreuzförmig einschneiden und in einer Schüssel mit kochendem Wasser übergießen, dann 1 Minute lang immer wieder untertauchen. Abseihen, mit kaltem Wasser abschrecken und die Schale abziehen. Die Pfirsiche halbieren, entsteinen und im Mixer mit der Mascarponecreme pürieren.

Nach Anleitung des Herstellers mit einer Eismaschine oder nach der Methode auf Seite 19 rühren, bis die Masse gefroren ist. Vor dem Servieren in einem verschlossenen Gefrierbehälter 6 Stunden einfrieren.

Wenn das Eis länger gefroren war und zu hart geworden ist, den Deckel abnehmen und etwa 25 Minuten vor dem Servieren im Kühlschrank antauen lassen.

Links: Gelateria Alla Scala (Doppia Coppia), Trastevere, Rom.

Gelato di Albicocca e Soia

APRIKOSENSOJAEIS

Wenn man die Aprikosen direkt mit dem abgekühlten Sirup und der Sojamilch mischt, werden sie nicht braun. Verwenden Sie nur reife, weiche Aprikosen. Außerhalb der Saison können Sie auch in Likör eingelegte Aprikosen verwenden, wie sie in italienischen Feinkostläden angeboten werden. Dazu den Likör in einen Messbecher abseihen. Die Aprikosen mit Wasser auf die im Rezept angegebene Menge auffüllen und daraus den Sirup herstellen.

Für 6–8 Personen

130 g extrafeiner Zucker
130 ml Wasser
300 ml ungesüßte Sojamilch
   aus biologischem Anbau
500 g reife Aprikosen

Zucker und Wasser in einem Topf etwa 4 Minuten leicht erhitzen, bis sich der Zucker gelöst hat. Den Topf schwenken, damit am Boden verbliebene Kristalle verschwinden, und den Sirup zum Abkühlen in eine Schüssel füllen. Die Sojamilch untermischen und 30 Minuten im Kühlschrank abkühlen lassen.

Die Aprikosen halbieren und entsteinen. Eine Hälfte mit der Hälfte des Sojasirups kurz im Mixer pürieren und kalt stellen. Auch die andere Hälfte der Aprikosen mit dem restlichen Sojasirup pürieren und mit dem kalt gestellten Püree mischen.

Nach Anleitung des Herstellers mit einer Eismaschine oder nach der Methode auf Seite 19 rühren, bis die Masse gefroren ist. Vor dem Servieren in einem verschlossenen Gefrierbehälter 6 Stunden einfrieren.

Wenn das Eis länger gefroren war und zu hart geworden ist, den Deckel abnehmen und etwa 45 Minuten vor dem Servieren im Kühlschrank antauen lassen.

Gelato di Liquirizia

LAKRITZECREMEEIS

Es lohnt sich, aus dem Urlaub liquirizia, *einen Süßholzlikör aus Sorrent, mitzubringen und vorrätig zu haben. Dieses Eis serviere ich gerne mit dem recht stark parfümierten Litschisorbet (siehe Seite 67). Die Kombination ist sehr italienisch. Die Italiener haben ein gutes Gefühl dafür, welche Aromen zusammenpassen, daher kann man in den Gelaterien auch so viele gemischte Eissorten kaufen. In diesem Fall haben beide Eissorten ein ausgefallenes Aroma. Wenn man sie also getrennt in zwei Gläsern serviert, kann man sie löffelweise mischen.*

Für 4–6 Personen

600 ml Vollmilch
125 g Lakritze, in kleine
    Stücke geschnitten
6 Eigelb
3 EL brauner Zucker
1 Prise Salz
Nach Belieben 2 EL *liquore di
    liquirizia* (Süßholzlikör)
300 ml Crème double

Milch und Lakritzestücke etwa 20 Minuten in einem Topf vorsichtig erhitzen, bis die Lakritze zum größten Teil gelöst ist. Die Lakritze dabei immer wieder gegen den Topfrand drücken. Sie muss nicht vollständig aufgelöst sein, denn sie zergeht weiter, während die Eiercreme hergestellt wird.

Dazu Eigelb, Zucker und Salz zusammen verquirlen. Die heiße Lakritzemilch in die Eimasse einrühren.

Den Topf ausspülen und die Eiercreme einfüllen. Bei mittlerer Hitze unter ständigem Rühren 8–10 Minuten erwärmen. Sobald die Eiercreme zu dampfen beginnt, mit einem Zuckerthermometer die Temperatur kontrollieren und die Creme rühren, bis 75 °C erreicht sind. Nicht heißer werden lassen, sonst gerinnt die Eiercreme. Gegebenenfalls den Likör unterheben. Auskühlen lassen und anschließend für 30 Minuten in den Kühlschrank stellen.

Crème double locker schlagen und unter die kalte Eiercreme heben. Nach Anleitung des Herstellers mit einer Eismaschine oder nach der Methode auf Seite 19 rühren, bis die Creme gefroren ist. Vor dem Servieren in einem verschlossenen Gefrierbehälter 3 Stunden einfrieren.

Wenn das Eis länger gefroren war und zu hart geworden ist, den Deckel abnehmen und 20–30 Minuten vor dem Servieren im Kühlschrank antauen lassen.

Gelato ai Frutti di Bosco

WALDBEERENSAHNEEIS

Verwenden Sie die Beeren, die gerade reif sind. Die italienische Version dieses Waldbeereneises erinnert etwas an Marmelade; für mich muss es in Geschmack und Struktur etwas frischer sein. Es lässt sich gut mit anderen Sorten und der unverzichtbaren panna montata *kombinieren – wie bei der gut gefüllten Eiswaffel auf dem Foto.*

Für 6 Personen

250 g Beeren, beispielsweise
    Himbeeren, rote Johannis-
    beeren, Brombeeren, Wald-
    erdbeeren oder Heidelbeeren
1 EL Puderzucker
2–3 EL Himbeerlikör
Cremeeis, gekühlt und noch
    nicht gefroren (¹/₂ Menge
    des Rezeptes auf Seite 78)

Die Beeren mit dem Puderzucker in einem Topf bei schwacher Hitze erwärmen, bis sich Saft bildet, dann in eine Schüssel umfüllen. Mit einer Gabel leicht zerdrücken und abkühlen lassen. Den Himbeerlikör unterrühren und die Mischung für 30 Minuten in den Kühlschrank stellen.

Die abgekühlten Beeren mit der ungefrorenen Masse Cremeeis vermischen. Nach Anleitung des Herstellers mit einer Eismaschine oder nach der Methode auf Seite 19 rühren, bis die Masse gefroren ist. Vor dem Servieren in einem verschlossenen Gefrierbehälter 4 Stunden einfrieren.

Wenn das Eis länger gefroren war und zu hart geworden ist, den Deckel abnehmen und etwa 50 Minuten vor dem Servieren im Kühlschrank antauen lassen.

Umseitig: Die Piazza della Cisterna, San Gimignano.

Gelato di Pinoli

PINIENKERNSAHNEEIS

Die Pinien gelangten durch die Mauren nach Sizilien und sind in Italien weit verbreitet. Pinienkerne sind sehr teuer, weil es aufwendig ist, sie aus ihren Zapfen zu lösen. Sie sind ihren Preis aber wert, nicht umsonst ist diese Eissorte sehr beliebt. Das Rezept stammt von Ben Hirst vom Restaurant Necci dal 1924 im römischen Viertel Pigneto. Leicht geröstete Pinienkerne ergeben mit dem feinen Aroma des Akazienhonigs ein unglaublich leckeres, cremiges Eis. Dekorieren Sie es mit einem Stück Krokant (siehe Seite 149).

Für 6–8 Personen

400 ml Vollmilch

150 ml Schlagsahne

150 g Akazienhonig

3 dünne Streifen Orangenschale

3 Kaffeebohnen

4 Eigelb

200 g Pinienkerne, leicht
    geröstet (nicht zu stark
    rösten, sonst schmecken sie
    bitter)

Milch, Sahne, Honig, Orangenschale und Kaffeebohnen in einen Topf geben. Vorsichtig erhitzen und vom Herd nehmen, wenn die Mischung zu kochen beginnt.

Eigelb in einer Schüssel verschlagen und die heiße Milchmischung einrühren. Den Topf ausspülen und die Eiercreme einfüllen. Bei mittlerer Hitze unter ständigem Rühren 8–10 Minuten erwärmen. Sobald die Eiercreme zu dampfen beginnt, mit einem Zuckerthermometer die Temperatur kontrollieren und die Creme rühren, bis 75 °C erreicht sind. Nicht heißer werden lassen, sonst gerinnt die Eiercreme. 1 Stunde abkühlen lassen, dann die Orangenschale und die Kaffeebohnen abseihen.

120 Gramm Pinienkerne mit etwas Eiercreme im Mixer pürieren, dann die restliche Creme zugeben und kurz verarbeiten. Abkühlen lassen und für 30 Minuten in den Kühlschrank stellen.

Nach Anleitung des Herstellers mit einer Eismaschine oder nach der Methode auf Seite 19 rühren, bis die Masse gefroren ist. Vor dem Servieren in einem verschlossenen Gefrierbehälter 3 Stunden einfrieren.

Wenn das Eis länger gefroren war und zu hart geworden ist, den Deckel abnehmen und etwa 30 Minuten vor dem Servieren im Kühlschrank antauen lassen.

Gelato di Nocciola

HASELNUSSSAHNEEIS

In einer Gelateria lacht mich dieses Eis immer besonders an. Es macht sich einfach hervorragend zwischen den vielen anderen Sorten in den Edelstahlbehältern mit seiner Verzierung aus gerösteten Haselnüssen und geschmolzener dunkler Schokolade.

Für 6–8 Personen

2 Eier

2 Eigelb

50 g extrafeiner Zucker

75 g feiner brauner Zucker

500 ml Vollmilch

3 EL italienischer Haselnusslikör, etwa *Frangelico*

150 g geschälte Haselnüsse,
   geröstet und abgekühlt

200 ml Crème double

50 g geschmolzene Zartbitter-
   oder Halbbitterschokolade,
   abgekühlt, aber noch flüssig

Eier, Eigelb, extrafeinen Zucker und 40 Gramm braunen Zucker in einer hitzebeständigen Schüssel 1 Minute lang schaumig schlagen.

Die Milch in einem Topf vorsichtig erhitzen, bis sie zu kochen beginnt. Die heiße Milch in die Eimasse einrühren. Den Topf ausspülen und die Eiercreme einfüllen. Bei mittlerer Hitze unter ständigem Rühren 8–10 Minuten erwärmen. Sobald die Eiercreme zu dampfen beginnt, mit einem Zuckerthermometer die Temperatur kontrollieren und die Creme rühren, bis 75 °C erreicht sind. Nicht heißer werden lassen, sonst gerinnt die Eiercreme. In eine Schüssel füllen, den Haselnusslikör untermischen und abkühlen lassen.

120 Gramm Haselnüsse mit dem restlichen braunen Zucker in einer Küchenmaschine fein mahlen. Die restlichen Haselnüsse für die spätere Verzierung beiseite legen. Etwa $1/3$ der Eiercreme für 1 Minute in der Küchenmaschine mit den Haselnüssen vermischen. Die restliche Eiercreme zufügen und erneut verschlagen. In eine Schüssel füllen und 1 Stunde in den Kühlschrank stellen.

Die Creme mit dem Rücken einer Kelle in kreisförmigen Bewegungen durch ein Sieb in eine Schüssel streichen. Die Rückstände im Sieb wegwerfen. Die Crème double locker schlagen und unter die Creme heben. Nach Anleitung des Herstellers mit einer Eismaschine oder nach der Methode auf Seite 19 rühren, bis die Masse gefroren ist. In einem verschlossenen Gefrierbehälter 6 Stunden einfrieren.

Mit den beiseite gelegten Haselnüssen und der geschmolzenen Schokolade verzieren. Noch etwa 10 Minuten in den Kühlschrank stellen und dann servieren.

Wenn das Eis länger gefroren war und zu hart geworden ist, den Deckel abnehmen und 20 Minuten vor dem Servieren im Kühlschrank antauen lassen.

Rechts: Haselnusssahneeis in der Gelateria di Piazza, San Gimignano.

Gelato di Mirtilli

HEIDELBEERJOGHURTEIS

Dieses Eis eignet sich hervorragend für ein Frappé (siehe Seite 24), der Joghurt macht es zu einer gesunden Alternative zu Milch- und Sahneeis. Wahlweise können auch Brombeeren, Himbeeren, Erdbeeren oder schwarze Johannisbeeren verwendet werden.

Für 4–6 Personen

300 g Heidelbeeren
150 g extrafeiner Zucker
250 ml Wasser
300 g Biojoghurt (nicht fett-
    arm)

Heidelbeeren, Zucker und Wasser in einem Topf leicht erhitzen, bis der Zucker gelöst ist und die Beeren anfangen, Saft zu ziehen. Vom Herd nehmen und 30 Minuten abkühlen lassen.

Die abgekühlten Beeren mit dem Joghurt in einem Mixer fein pürieren. Das Püree mit dem Rücken einer Kelle in kreisförmigen Bewegungen durch ein Sieb in eine Schüssel streichen. Das Püree für 1 Stunde im Kühlschrank abkühlen lassen.

Nach Anleitung des Herstellers mit einer Eismaschine oder nach der Methode auf Seite 19 rühren, bis die Masse gefroren ist.

Vor dem Servieren in einem verschlossenen Gefrierbehälter 3 Stunden einfrieren.

Wenn das Eis länger gefroren war und zu hart geworden ist, den Deckel abnehmen und 20–30 Minuten vor dem Servieren im Kühlschrank antauen lassen.

Gelato di Pistacchio

PISTAZIENSAHNEEIS

Bei diesem Eis gibt es unterschiedliche Meinungen darüber, welche Struktur es haben soll. Ich mag es lieber cremig ohne Stückchen, andere mögen es lieber mit rauer Struktur. Wenn Sie das Eis cremig herstellen, können Sie für die »kernigen« Genießer noch gehackte Pistazien überstreuen oder gefüllte Eiswaffeln zuerst in Karamellsoße oder flüssige Schokolade tauchen und dann in gehackte Nüsse. Pistazienbäume sind mit den Arabern nach Sizilien gelangt, und dort reifen auch die besten Pistazien Italiens. Am intensivsten wird ihr Geschmack, wenn Sie sie kurz rösten und mit Zucker mahlen.

Für 6–8 Personen

160 g geröstete Pistazien,
   geschält und abgekühlt
150 g extrafeiner Zucker
350 ml Vollmilch
300 ml Crème double
¹/₂ TL Vanilleextrakt

Pistazien und Zucker in einer Küchenmaschine sehr fein mahlen, und in der Maschine lassen.

Milch und Crème double in einem Topf langsam erhitzen, bis sie zu kochen beginnen. Die Pistazien mit etwas heißer Milch und Sahne pürieren. Nach und nach mit der restlichen Milch und Sahne sehr fein pürieren. Den Vanilleextrakt zufügen und einige Stunden in einer Schüssel abkühlen und quellen lassen. Wenn eine raue Struktur erwünscht ist, die heiße Milch und Sahne auf die fein gemahlenen Pistazien füllen und nur kurz pürieren.

Nach Anleitung des Herstellers mit einer Eismaschine oder nach der Methode auf Seite 19 rühren, bis die Masse gefroren ist. Vor dem Servieren in einem verschlossenen Gefrierbehälter 3 Stunden einfrieren.

Wenn das Eis länger gefroren war und zu hart geworden ist, den Deckel abnehmen und etwa 40 Minuten vor dem Servieren im Kühlschrank antauen lassen.

Für Eisbomben oder Pückler-Schnitten die Pistazien sehr fein pürieren. Ich empfehle italienische Pistazien bester Qualität, iranische sind jedoch auch gut. Sie sind grünlicher und werden häufig fertig geschält und gestiftet in iranischen Lebensmittelläden angeboten.

Buontalenti

CREMEEIS MIT HONIG UND MARSALA

Dieses Eis ist nach dem vielseitig begabten Florentiner Architekten des 16. Jahrhunderts, Bernardo Buontalenti, benannt. Er kreierte Eiskunstwerke für das Haus Medici und soll auch an der Entwicklung von Sorbet zu Cremeeis beteiligt gewesen sein.
Das Buontalenti *mit seiner sahnigen Eiercreme und dem betörenden Marsalaaroma ist noch heute bei vielen Gelaterien im Sortiment.*

Für 8–10 Personen

750 ml Vollmilch
250 ml Schlagsahne
3 EL Magermilchpulver
8 große Eigelb
75 g Akazienhonig
75 g extrafeiner Zucker
4 EL Marsala

Milch und Sahne mit dem Magermilchpulver in einem Topf vermischen und vorsichtig erhitzen, bis sie zu kochen beginnt.

In der Zwischenzeit Eigelb, Honig und Zucker in einer hitzebeständigen Schüssel verquirlen, bis die Masse hell wird. Die heiße Milch in die Eimasse einrühren.

Den Topf ausspülen und die Eiercreme einfüllen. Bei mittlerer Hitze unter ständigem Rühren 8–10 Minuten erwärmen. Sobald die Eiercreme zu dampfen beginnt, mit einem Zuckerthermometer die Temperatur überwachen und die Creme rühren, bis 75 °C erreicht sind. Nicht heißer werden lassen, sonst gerinnt die Eiercreme. In eine Schüssel füllen und abkühlen lassen. Für 1 Stunde in den Kühlschrank stellen. Den Marsala einrühren.

Nach Anleitung des Herstellers mit einer Eismaschine oder nach der Methode auf Seite 19 rühren, bis die Creme gefroren ist. Vor dem Servieren in einem verschlossenen Gefrierbehälter 2 Stunden einfrieren.

Wenn das Eis länger gefroren war und zu hart geworden ist, den Deckel abnehmen und etwa 25 Minuten vor dem Servieren im Kühlschrank antauen lassen.

Fior di Latte con Vaniglia

VANILLEMILCHEIS

Dieses Eis schmeckt sehr gut zu einem frischen Obstsalat – einer macedonia. *Es ist ein neutrales leichtes Milcheis ohne Sahne oder Eiercreme. Alternativ kann man auf die Vanille verzichten und nach Belieben andere Aromen zufügen.*

Für 6–8 Personen

750 ml Vollmilch

100 g Magermilchpulver

125 g extrafeiner Zucker

25 g Traubenzucker

1 Vanilleschote, längs halbiert

Zum Servieren: *macedonia* (frischer Obstsalat), beispielsweise Erdbeeren, Himbeeren, rote Johannisbeeren und Brombeeren

Milch, Milchpulver, Zucker, Traubenzucker und Vanilleschote in einem Topf verrühren. Langsam erhitzen, damit sich der Zucker löst. In eine große Schüssel füllen, wenn die Milch zu kochen beginnt. Die Samen der aufgeweichten Vanilleschote in die Flüssigkeit drücken, die Schote wegwerfen und die Milch abkühlen lassen. Für 1 Stunde in den Kühlschrank stellen.

Nach Anleitung des Herstellers mit einer Eismaschine oder nach der Methode auf Seite 19 rühren, bis die Flüssigkeit gefroren ist. Vor dem Servieren in einem verschlossenen Gefrierbehälter 4 Stunden einfrieren.

Wenn das Eis länger gefroren war und zu hart geworden ist, den Deckel abnehmen und etwa 20 Minuten vor dem Servieren im Kühlschrank antauen lassen.

Mit frischem Obstsalat servieren.

STRACCIATELLAMILCHEIS

Stracciatella ist der Renner. Bei Touristen ist es nachweislich sehr beliebt. Wahrscheinlich liegt es daran, dass hier zwei Genüsse zu einem verschmolzen werden. Sie können auch Cremeeis (siehe Seite 78) als Grundmasse verwenden, anstatt bei Vanillemilcheis (siehe Seite 106) die Vanille wegzulassen. Ich bevorzuge allerdings das folgende Rezept.

Für 4 Personen

100 g Edelbitterschokolade, etwa 70 % Kakao

Vanillemilcheis ($^1/_2$ Menge des Rezeptes auf Seite 106) ohne Vanille, gefroren

Die Schokolade mit einem scharfen Messer in 5 Millimeter große Streifen schneiden, dann quer in kleine Plättchen.

Unter das gefrorene Eis 75 Gramm Schokoladenplättchen heben und in einen Gefrierbehälter füllen. Die restlichen Schokoladenplättchen überstreuen. 5 Stunden einfrieren.

Wenn das Eis länger gefroren war und zu hart geworden ist, den Deckel abnehmen und 10 Minuten vor dem Servieren im Kühlschrank antauen lassen.

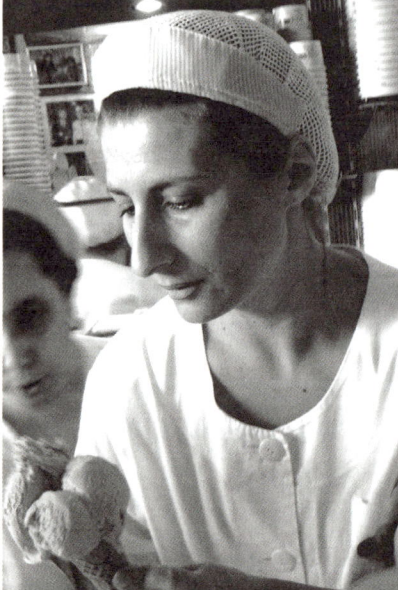

Oben: Gelateria di Piazza, San Gimignano.

Gelato di Torrone

TORRONE-SAHNEEIS

Die Stadt Cremona sieht sich als die Erfinderin des Torrone. *Diese Süßware aus Mandeln, Honig, Zucker und Eiklar soll anlässlich einer besonderen Hochzeit Mitte des 15. Jahrhunderts unter dem Namen* Torrazzo *serviert worden sein, nach dem gleichnamigen Glockenturm der Kathedrale von Cremona.*

Für 6–8 Personen

500 ml Vollmilch
4 Eigelb
100 g flüssiger Honig
2 TL Vanilleextrakt
250 g Mascarpone
150 g *Torrone di mandorle*
(Mandeltorrone) oder
Torrone di pistacchi
(Pistazientorrone), mit der
Schere in kleine Stücke
geschnitten
Puderzucker zum Bestäuben
der Schere (damit der
Torrone nicht klebt)

Milch in einem Topf langsam erhitzen, bis sie zu kochen beginnt.

In der Zwischenzeit Eigelb, Honig und Vanilleextrakt in einer großen, hitzebeständigen Schüssel verquirlen, bis die Masse hell wird. Die heiße Milch gut unterrühren.

Den Topf ausspülen und die Eiercreme einfüllen. Bei mittlerer Hitze unter ständigem Rühren 8–10 Minuten erwärmen. Sobald die Eiercreme zu dampfen beginnt, mit einem Zuckerthermometer die Temperatur überwachen und die Creme rühren, bis 75 °C erreicht sind. Nicht heißer werden lassen, sonst gerinnt die Eiercreme. In einer Schüssel abkühlen lassen und für 30 Minuten in den Kühlschrank stellen.

In einer anderen Schüssel die Eiercreme nach und nach in den Mascarpone einrühren.

Nach Anleitung des Herstellers mit einer Eismaschine oder nach der Methode auf Seite 19 rühren, bis die Masse gefroren ist und dann den *Torrone* unterheben. Vor dem Servieren in einem verschlossenen Gefrierbehälter 2 Stunden einfrieren.

Wenn das Eis länger gefroren war und zu hart geworden ist, den Deckel abnehmen und etwa 30 Minuten vor dem Servieren im Kühlschrank antauen lassen.

Gelato di Mango

MANGOEIS

Ein fruchtig-zartes Eis. Ich genieße es am liebsten direkt aus der Eismaschine, wenn es noch weich und locker ist. Wenn Sie es Gästen servieren, stellen Sie die Eismaschine an, während die Vorspeise serviert wird, und geben Sie es dann während der Hauptspeise bis zum Nachtisch in den Gefrierschrank. Servieren Sie es einfach direkt aus dem Behälter mit chiaccere, *einem Brandteiggebäck mit Puderzucker (siehe Seite 148).*

Für 4–6 Personen

5 reife Mangos, je etwa 300 g
   (gelbe Mangos ergeben eine
   schöne Farbe)
Saft von 2 Limonen
150 g extrafeiner Zucker
150 ml Wasser
300 ml Crème double
1 Prise Salz

Mit einem scharfen Messer das Fleisch um den Stein abtrennen. In einer Küchenmaschine fein pürieren. Das Püree mit dem Rücken einer Kelle in kreisförmigen Bewegungen durch ein Sieb in eine Schüssel streichen. Die Fasern im Sieb wegwerfen.

Limonensaft, Zucker und Wasser in einem Topf etwa 4 Minuten leicht erhitzen, bis sich der Zucker gelöst hat. Den Topf schwenken, damit am Boden verbliebene Kristalle verschwinden, und den Sirup zum Abkühlen in eine Schüssel füllen. Den Sirup in das Mangopüree abseihen und mit Crème double und Salz gleichmäßig verquirlen. Für 30 Minuten in den Kühlschrank stellen.

Nach Anleitung des Herstellers mit einer Eismaschine oder nach der Methode auf Seite 19 rühren, bis die Masse gefroren ist. Vor dem Servieren in einem verschlossenen Gefrierbehälter 2 Stunden einfrieren.

Wenn das Eis länger gefroren war und zu hart geworden ist, den Deckel abnehmen und etwa 45 Minuten vor dem Servieren im Kühlschrank antauen lassen.

Gelato di Cioccolato bianco con Vaniglia

VANILLESAHNEEIS MIT WEISSER SCHOKOLADE

Sergio Dondole von der Gelateria di Piazza in der mittelalterlichen Hügelstadt San Gimignano hat mir gezeigt, wie man ganze Vanillestangen mit Zucker zerkleinern kann. Er verwendet sie für seine leckeren Eiskreationen. Nach seinem Vorbild habe ich dieses Sahneeis mit den besten Zutaten hergestellt – darauf legt er immer besonderen Wert.

Für 6 Personen

1 Vanilleschote, längs zerteilt
125 g extrafeiner Zucker
4 Eigelb
500 ml Vollmilch
250 ml Crème double
100 g edle weiße Schokolade

Die Vanilleschote mit dem Zucker in zwei Teilen mit einem Zerkleinerer oder einer Kaffeemühle mahlen (siehe Hersteller Seite 159).

Eigelb und die Hälfte des Vanillezuckers in einer großen, hitzebeständigen Schüssel verquirlen. Den restlichen Vanillezucker mit Milch und Crème double in einem Topf vorsichtig erhitzen, bis sich der Zucker gelöst hat. Wenn die Mischung zu kochen beginnt, in die Eimasse einrühren.

Den Topf ausspülen und die Eiercreme einfüllen. Bei mittlerer Hitze unter ständigem Rühren 8–10 Minuten erwärmen. Sobald die Eiercreme zu dampfen beginnt, mit einem Zuckerthermometer die Temperatur kontrollieren und die Creme rühren, bis 75 °C erreicht sind. Nicht heißer werden lassen, sonst gerinnt die Eiercreme. Vom Herd nehmen und die weiße Schokolade unterrühren, bis sie geschmolzen ist. In einer Schüssel abkühlen lassen und für 30 Minuten in den Kühlschrank stellen.

Nach Anleitung des Herstellers mit einer Eismaschine oder nach der Methode auf Seite 19 rühren, bis die Masse gefroren ist. Vor dem Servieren in einem verschlossenen Gefrierbehälter 8 Stunden einfrieren.

Wenn das Eis länger gefroren war und zu hart geworden ist, den Deckel abnehmen und 20–30 Minuten vor dem Servieren im Kühlschrank antauen lassen.

Malaga

MALAGASAHNEEIS

Ursprünglich wurden die Rosinen für dieses Eis in Malagawein eingelegt, einen süßen Dessertwein. In diesem Rezept wird Rum verwendet. Wegen des enthaltenen Alkohols lässt sich dieses Eis auch für längere Zeit im Tiefkühlgerät aufbewahren, ohne dass es hart wird (allerdings bilden sich Eiskristalle, und es verliert an Geschmack). Ich stelle es kurz vor dem Servieren in den Kühlschrank, damit die Struktur angenehmer ist.

Für 4–6 Personen

100 g Rosinen
90 ml dunkler Rum
500 ml Vollmilch
4 Eigelb
100 g feiner brauner Zucker
2 TL Vanilleextrakt
250 g Mascarpone

Die Rosinen 1 Stunde oder über Nacht in den Rum einlegen. Die Milch in einem Topf langsam erhitzen, bis sie zu kochen beginnt.

Eigelb, Zucker und Vanilleextrakt in einer großen, hitzebeständigen Schüssel verquirlen, bis die Masse hell wird. Die heiße Milch gut unterrühren. Den Topf ausspülen und die Eiercreme einfüllen. Bei mittlerer Hitze unter ständigem Rühren 8–10 Minuten erwärmen. Sobald die Eiercreme zu dampfen beginnt, mit einem Zuckerthermometer die Temperatur kontrollieren und die Creme rühren, bis 75 °C erreicht sind. Nicht heißer werden lassen, sonst gerinnt die Eiercreme. In einer Schüssel abkühlen lassen und für 30 Minuten in den Kühlschrank stellen.

In einer anderen Schüssel die Eiercreme nach und nach in den Mascarpone einrühren. Den Rum in die Eiercreme abseihen und gut unterrühren. Die Rosinen beiseite legen.

Nach Anleitung des Herstellers mit einer Eismaschine oder nach der Methode auf Seite 19 rühren, bis die Masse gefroren ist. In einem verschlossenen Gefrierbehälter über Nacht einfrieren. Am nächsten Tag servieren. Etwa 15 Minuten vor dem Servieren in den Kühlschrank stellen.

Gelato di Arancia/Limone

ORANGEN-/ZITRONENSAHNEEIS

Die Gelateria Giolitti in der Via degli Uffici del Vicario liegt in der Nähe des Pantheons in Rom. Hier werden diese Sorten zusammen mit anderen Eissorten, langen cialdone *(Waffelröllchen) und einem Glas Wasser serviert. 1890 als Milchgeschäft gegründet, wird diese feine Gelateria heute von Nazzareno Giolitti betrieben. Wenn Sie aus dem reichhaltigen Angebot ausgewählt haben, genießen Sie Ihr Eis am besten draußen an einem Tisch und lassen die ganze Welt an sich vorüberziehen.*

Für 4 Personen

Für gelato di arancia
Cremeeis ($^1/_2$ Menge
   des Rezeptes auf Seite 78),
   gekühlt und noch nicht
   gefroren
Saft von 2 großen Orangen
   (300 ml) mit Fruchtfleisch
2 EL Cointreau
1 Prise Salz

Für gelato di limone
Cremeeis ($^1/_2$ Menge
   des Rezeptes auf Seite 78),
   gekühlt und noch nicht
   gefroren
Saft von 2 großen Zitronen
   (125 ml)
1 Prise Salz

Für das Orangensahneeis das Cremeeis in eine große Schüssel füllen und Orangensaft, Cointreau und Salz untermischen.

Für das Zitronensahneeis das Cremeeis in eine große Schüssel füllen und Zitronensaft und Salz untermischen.

Nach Anleitung des Herstellers mit einer Eismaschine oder nach der Methode auf Seite 19 rühren, bis die Masse gefroren ist. Vor dem Servieren in einem verschlossenen Gefrierbehälter 4 Stunden einfrieren.

Wenn das Eis länger gefroren war und zu hart geworden ist, den Deckel abnehmen und 20–30 Minuten vor dem Servieren im Kühlschrank antauen lassen.

Gelato di Zucca e Amaretti

KÜRBISMILCHEIS MIT AMARETTI

Diese beiden Aromen passen erstaunlich gut zusammen – die Idee stammt von der berühmten Raviolifüllung. Ein außergewöhnliches Eis. Auch der Birnenkürbis eignet sich gut für dieses Rezept.

Für 6–8 Personen

550 g Speisekürbis
   (ohne Schale und Kerne
   etwa 375 g Kürbisfleisch)
85 g extrafeiner Zucker
3 Eigelb
250 ml Vollmilch
150 ml Schlagsahne
75 g feines Amarettigebäck

Das Kürbisfleisch in Stücke schneiden und etwa 20 Minuten weich dünsten. In einem Mixer pürieren.

Das Püree mit dem Rücken einer Kelle in kreisförmigen Bewegungen durch ein engmaschiges Sieb in eine Schüssel streichen. Bis zur Weiterverarbeitung beiseite stellen.

Zucker und Eigelb in einer hitzebeständigen Schüssel verquirlen, bis die Masse hell wird. Milch und Sahne in einem Topf erwärmen, bis sie zu kochen beginnen, dann mit der Eimasse verquirlen.

Den Topf ausspülen und die Eiercreme einfüllen. Bei mittlerer Hitze unter ständigem Rühren 8–10 Minuten erwärmen. Sobald die Eiercreme zu dampfen beginnt, mit einem Zuckerthermometer die Temperatur kontrollieren und rühren, bis 75 °C erreicht sind. Nicht heißer werden lassen, sonst gerinnt die Eiercreme. Vom Herd nehmen, in eine Schüssel füllen, die Amaretti unterrühren und abkühlen lassen.

Das Kürbispüree unterrühren und für 30 Minuten in den Kühlschrank stellen.

Nach Anleitung des Herstellers mit einer Eismaschine oder nach der Methode auf Seite 19 rühren, bis die Masse gefroren ist. Vor dem Servieren in einem verschlossenen Gefrierbehälter 4 Stunden einfrieren.

Wenn das Eis länger gefroren war und zu hart geworden ist, den Deckel abnehmen und etwa 45 Minuten vor dem Servieren im Kühlschrank antauen lassen.

Gelato di Kiwi

KIWIEIS

Die Kiwi stammt aus China, wird heute aber auch in Italien und anderen Teilen der Welt angebaut. Die Früchte enthalten doppelt so viel Vitamin C wie Orangen. Achten Sie darauf, dass die Kiwis wirklich reif sind.

Für 6–8 Personen

200 g extrafeiner Zucker

50 g Traubenzucker

250 ml Wasser

Saft von 4 Limonen

8 große Kiwis, insgesamt etwa
   900 g

200 ml Schlagsahne

Zucker und Wasser in einem Topf etwa 4 Minuten leicht erhitzen, bis sich der Zucker gelöst hat. Den Topf schwenken, damit am Boden verbliebene Kristalle verschwinden, und den Sirup zum Abkühlen in eine Schüssel füllen. Den Limonensaft einrühren.

Die Kiwis quer halbieren, das Fruchtfleisch mit einem Teelöffel in den Mixer schaben und pürieren. Ich siebe die schwarzen Kerne heraus, man kann sie aber auch im Püree belassen. Das Püree mit dem Rücken einer Kelle in kreisförmigen Bewegungen durch ein engmaschiges Sieb in eine Schüssel streichen.

Püree, Zuckersirup und Sahne in einer großen Schüssel mischen und für 30 Minuten in den Kühlschrank stellen.

Nach Anleitung des Herstellers mit einer Eismaschine oder nach der Methode auf Seite 19 rühren, bis die Masse gefroren ist. Vor dem Servieren in einem verschlossenen Gefrierbehälter 4 Stunden einfrieren.

Wenn das Eis länger gefroren war und zu hart geworden ist, den Deckel abnehmen und etwa 30 Minuten vor dem Servieren im Kühlschrank antauen lassen.

Gelato di Cioccolata

SCHOKOLADENCREMEEIS

Dieses hervorragende Rezept stammt von Sergio Dondole, dem Besitzer der berühmten Gelateria di Piazza in der mittelalterlichen Hügelstadt San Gimignano. Er empfiehlt, es über Nacht durchziehen zu lassen, bevor man es serviert. Ich habe es probiert und stimme ihm zu. Sie können aber auch die ungefrorene Masse durchziehen lassen. Experimentieren Sie mit diesem Rezept, damit ein weiches Eis genau zum Nachtisch fertig ist.

Für 8–10 Personen

2 Eier

4 Eigelb

150 g extrafeiner Zucker

1 Liter Vollmilch

25 g Traubenzucker

85 g ungesüßter Kakao aus
biologischem Anbau, 2-mal
gesiebt

50 g Zartbitter- oder Halbbitterschokolade, fein gehackt

1 Prise Salz

2 EL Grappa

Eier, Eigelb und 75 Gramm Zucker in einer Schüssel 1 Minute lang verquirlen.

Den restlichen Zucker mit Milch und Traubenzucker in einem Topf leicht erhitzen, bis sich der Zucker gelöst hat. Stärker erhitzen und in die Eimasse einrühren, sobald der Milchsirup zu kochen beginnt.

Den Topf ausspülen und die Eiercreme einfüllen. Bei mittlerer Hitze unter ständigem Rühren 8–10 Minuten erwärmen. Sobald die Eiercreme zu dampfen beginnt, mit einem Zuckerthermometer die Temperatur überwachen und die Creme rühren, bis 75 °C erreicht sind. Nicht heißer werden lassen, sonst gerinnt die Eiercreme.

Das Kakaopulver in die Eiercreme sieben und mit Schokolade und Salz einrühren, bis die Schokolade geschmolzen ist. Die Creme mit dem Rücken einer Kelle in kreisförmigen Bewegungen durch ein engmaschiges Sieb in eine Schüssel streichen und abkühlen lassen. Den Grappa zufügen und für 1 Stunde in den Kühlschrank stellen.

Nach Anleitung des Herstellers mit einer Eismaschine oder nach der Methode auf Seite 19 rühren, bis die Creme gefroren ist. Vor dem Servieren in einem verschlossenen Gefrierbehälter 3 Stunden einfrieren. Wenn das Eis länger gefroren war und zu hart geworden ist, den Deckel abnehmen und etwa 45 Minuten vor dem Servieren im Kühlschrank antauen lassen.

EISDESSERT

Pacciugo

DREIFARBIGER EISPOKAL

Im Genueser Dialekt bedeutet pacciugo *»eine schöne Bescherung«, ähnlich wie* pasticcio *im Italienischen. Livia Rolandini kannte diesen Eispokal noch gut aus Portofino, wo sich in den 1950er-Jahren die schlanken jungen Damen mit Caprihosen und Liz-Taylor-Kopftuch in Alfa Romeos durch die Straßen fahren ließen.*

Ergibt 2 Pokale

150 ml Crème double

200 g Himbeeren, mit einer Gabel zerdrückt

4 Portionen Erdbeersahneeis, nach Rezept angetaut (siehe Seite 80)

2 Portionen Cremeeis, nach Rezept angetaut (siehe Seite 78)

2 EL grob gehackte Pistazien

Zum Servieren
Frische Kirschen
Gestreifte Waffelröllchen

Die Crème double in einer Schüssel locker schlagen und in einen Spritzbeutel mit 1,5-Zentimeter-Sterntülle füllen.

Etwa die Hälfte der zerdrückten Himbeeren in die beiden Pokale füllen, dann je zwei Portionen Erdbeersahneeis. Darüber je eine Portion Cremeeis.

Die restlichen Himbeeren auf die beiden Gläser verteilen und mit den gehackten Pistazien bestreuen.

Mit der geschlagenen Sahne, einer Kirsche und einigen Waffelröllchen verziert servieren.

Semifreddo di Cassata

CASSATA-PARFAIT

Ich verwende dieses Parfait in verschiedenen Eisbomben. Man kann es pur genießen oder zusammen mit anderen Eissorten als Party-Dessert.

Für 4–6 Personen

200 g Zitronat oder gemischte
   kandierte Früchte
300 ml Schlagsahne
50 ml *Strega* (ital. Kräuterlikör)
100 g extrafeiner Zucker
2 Eiweiß

Die kandierten Früchte fein hacken und beiseite stellen.

Sahne, *Strega* und die Hälfte des Zuckers in eine Schüssel füllen und steif schlagen. Das Eiweiß aufschlagen. Nach und nach den restlichen Zucker einrühren und steif schlagen.

Die beiden Massen vorsichtig mischen und Zitronat oder gehackte Früchte unterheben. In einem verschlossenen Gefrierbehälter über Nacht einfrieren. Vor dem Servieren den Deckel abnehmen und 5 Minuten in den Kühlschrank stellen.

TARTUFO

In der Gelateria Petrini in Rom bereitet Mauro Petrini dieses beliebte Dessert zu. Für dieses Rezept wird das beste Schokoladeneis verwendet. Man kann in das Eis eine Amarenakirsche drücken, bevor man die Kugel in gehackter Schokolade rollt. Tre Scalini auf der Piazza Navona in der Nähe des Pantheons serviert Tartufo mit einem Sahnehäubchen, panna montata, *und einer Schokoladenwaffel (siehe Seite 121).*

Für 8 Personen

Schokoladencremeeis
(¹/₂ Menge des Rezeptes auf
Seite 119), gefroren, wenn
nötig, kurz im Kühlschrank
angetaut

8 Amarenakirschen in Sirup,
abgetropft

125 g Zartbitter- oder Halbbitterschokolade

150 ml Schlagsahne

Mit einem Eisportionierer acht Kugeln Schokoladencremeeis auf eine Platte legen. Je eine Kirsche in die Unterseite der Kugeln drücken und 30 Minuten einfrieren.

Die Schokolade in kleine Stücke hacken und in ein Sieb füllen. Die feinen Schokoladenkrümel heraussieben. Die größeren Stückchen auf eine Platte geben und die Eiskugeln darin rollen, bis sie gleichmäßig bedeckt sind. 15 Minuten einfrieren.

Die Sahne in einer großen Schüssel schlagen und damit das Tartufo entweder mithilfe einer Sterntülle oder eines Löffels dekorieren. 15 Minuten vor dem Servieren im Kühlschrank antauen lassen.

Biscuit Tortoni

TORTONI-PARFAIT

Dieses Dessert wurde im frühen 19. Jahrhundert zu Ehren Giuseppe Tortonis erfunden, der das Pariser Café Velloni in das berühmte Eiscafé Tortoni verwandelte. »Biscuit« beschrieb dabei die längliche Form des Parfaits. Das Parfait hat durch Zabaione und Schlagsahne, die untergehoben werden, eine lockere und cremige Struktur.

Für 8 Personen

Sonnenblumenöl zum
   Einfetten
110 g harte Amarettikekse
   oder Makronen
2 Eier
3 EL Amarettolikör
50 g extrafeiner Zucker
1 Prise Salz
375 ml Schlagsahne
4 EL geschälte und geröstete
   Mandeln, fein gehackt

Entweder eine kleine Kastenform (450 g) oder acht kleine, runde Formen (7 cm Durchmesser) mit Öl einfetten und mit Frischhaltefolie auskleiden, die Folie an den Rändern überstehen lassen. Die Amarettikekse in einen großen Frischhaltebeutel füllen und mit einer Teigrolle grob zerkleinern.

Eier, Amarettolikör, Zucker und Salz in einer großen, hitzebeständigen Schüssel so lange verschlagen, bis sich das Volumen verdoppelt hat. Die Schüssel dazu über einen Topf mit kochendem Wasser setzen, ohne dass das Wasser die Schüssel berührt. (Bei Verwendung eines Handrührgeräts das Kabel über den Arm legen, damit es nicht mit der Herdplatte in Berührung kommt.) Die Schüssel vom Topf nehmen und die Masse weiter schlagen, bis die Rührbesen deutliche Spuren hinterlassen, wenn man sie herausnimmt. Im Kühlschrank abkühlen lassen.

Die Sahne in einer anderen Schüssel schlagen, bis sie die gleiche Festigkeit erreicht hat wie die Eimasse. Mit einem großen Metalllöffel unter die abgekühlte Eimasse heben. Amarettikekse und Mandeln vorsichtig unterheben, damit die Masse nicht zusammenfällt. In die vorbereitete Kastenform oder die Förmchen füllen und mit der überhängenden Folie bedecken. Für 24 Stunden in den Gefrierschrank stellen.

Einen warmen, feuchten Lappen um die Form oder Förmchen legen und das Parfait auf Teller stürzen. 5–8 Minuten vor dem Servieren im Kühlschrank antauen lassen.

port at Ostia. Plans of great public buildings to be erected at Alexandria or in Rome were being submitted to him ; or, again, he was arranging for the establishment of pub... libraries in various parts of the capital. Mean... preparations for the Parthian war must have... greater part of his time ; for the campaign... vast character. So sure was he that it... years or more that he framed a law... magistrates and public officials f... should be appointed before hi... insured the tranquility of R... absence in the East, thus leav... arms into remote lands wh... capital might be almost i... that Cæsar's recent camp... months' or weeks' duration... vici now represented his n... these plans for a three... me to indicate clearly th... himself to the conquest... Alexander's footsteps... Rome laden with the lo... have pictured himself e... war as the conqueror of... no doubt in his mind t... then accept with enthu... the world.

As the weeks went by... monarchy became more c... seem to have considered it... assumption of the sovereign... war, since his long absence... elevation to the throne might... office. Moreover, a strong feelin... his contemplated assumption of ro... have been aware that he could not put... tion without considerable opposition. that "his desire of being king had brought... most apparent and mortal hatred—a fact wi... the most plausible pretence to those who had bee... secret enemies all along." Much adverse comment had been made with reference to his not rising to receive the Senatorial deputation ; and indeed, he felt it necessary to

make excuses for his action, saying that his old illness was upon him at the time. A report was spread that he himself w...ld have been willing to rise, but that Balbus had said " Will you not remember you are Cæsar and claim ...e to your merit ? " and it was further related ...Dictator had realised the offence he had ...his throat to his friends, and had told ...ly to lay down his life if the public ...ncidents such as this showed that ...ly favourable for his coup ; and ...to consider its postponement. ...mething to be said in favour ...ust have been more or less ...if it were urged upon him ...The position of Cleopatra, ...some anxiety. Without ...n of an hereditary mon- ...own wife, Calpurnia, ...with an heir, and there ...ome who could be ex- ...any degree of success, ...production of sons and ...as he to rid himself of ...thout offending public ...ngship at once and make ...of sustaining with success ...ade for three years while ...uld it not be much wiser ...this period, there to await ...er and to ascend the throne ...During his absence in the ...niently meet with a sudden and ...uld dare to attribute her death ...y's ingenuity.

...w made, or confirmed, in view of ...learly that his desire for the monarchy ...with his present marital conditions. ...en and a son and heir there could be little ...ating a throne, since already he had been made ...te autocrat for his lifetime ; for unless the office was to be handed on without dispute to his son Cæsarion, there was no advantage in striving for an immediate elevation to the kingship. By his will, therefore, which was made

Moka Semifreddo

ESPRESSOMOUSSE MIT SCHOKOLADE

Aus gemahlenen dragierten Espressobohnen, Eischnee und Schlagsahne besteht diese leckere halbgefrorene Mousse. Es wird dafür keine Eismaschine benötigt.

Espresso und Zucker in einem Topf leicht erhitzen, bis sich der Zucker gelöst hat. Stärker erhitzen und 3 Minuten kochen lassen.

Die dragierten Kaffeebohnen in einem Zerkleinerer oder einer Küchenmaschine fein mahlen. Bis zur Weiterverarbeitung in einer Schüssel in den Kühlschrank stellen. In der Zwischenzeit das Eigelb in einer Schüssel glatt rühren.

Nach und nach den heißen Espressosirup mit einem Rührgerät auf niedriger Stufe in das Eigelb einrühren. 5 Minuten auf höherer Stufe schlagen, bis die Masse abgekühlt ist, an Volumen zugenommen hat und die Rührbesen deutliche Spuren hinterlassen, wenn man sie herausnimmt. Im Kühlschrank abkühlen lassen.

Für 6 Personen

185 ml starker, frisch gebrüh-
    ter Espresso
100 g extrafeiner Zucker
3 gehäufte EL dragierte Kaffee-
    bohnen (mit Zartbitterscho-
    kolade überzogen)
6 Eigelb
300 ml Crème double
25 g feine Zartbitter- oder
    Halbbitterschokolade, in
    Splitter geschnitten

In einer anderen Schüssel die Crème double leicht steif schlagen. Wenn sie zu steif geschlagen ist, lässt sie sich nur schwer unter die Eimasse heben, ohne zusammenzufallen. Mit einem großen Metall-löffel vorsichtig unter die Eimasse heben, ebenso die gemahlenen dragierten Kaffeebohnen unterheben. Mit einem Löffel in einen Gefrierbehälter füllen und zugedeckt etwa 4 Stunden einfrieren.

Wenn die Mousse länger gefroren war, den Deckel abnehmen und 15 Minuten vor dem Servieren im Kühlschrank antauen lassen. Mit einem Löffel in Gläser, Tassen oder Schalen füllen und weitere 15 Minuten einfrieren. Mit Schokoladensplittern dekoriert servieren.

Cassata Siciliana

CASSATA-EISTORTE

Cassata alla siciliana ist eine berühmte italienische Schichttorte aus Sizilien, die *ursprünglich nur zu Ostern und bei Hochzeiten serviert wurde. Die Cassata-Eistorte ist diesem traditionsreichen Rezept nachempfunden. Sie ist umgeben von Cremeeis und Pistaziensahneeis und enthält in Alkohol getränkten Biskuit, Schokoladestückchen, kandierte Früchte und Cassata-Parfait. Sie können diese Eistorte außerdem mit Sahnerosetten und – wie die Originaltorte – mit kandierten Früchten verzieren.*

Für 6 Personen

Cremeeis (³/₄ Menge des
    Rezeptes auf Seite 78),
    gefroren, kurz im Kühl-
    schrank angetaut
Pistaziensahneeis (¹/₂ Menge
    des Rezeptes auf Seite 103),
    gefroren, kurz im Kühl-
    schrank angetaut
40 g italienischer Biskuit (siehe
    Seite 154), in Dreiecke
    geschnitten, oder Löffel-
    biskuits
3 EL Rum
25 g Zartbitter- oder Halb-
    bitterschokolade, gehackt
¹/₂ Menge Cassata-Parfait
    (siehe Seite 124) mit Rum
    anstelle von *Strega* (ital.
    Kräuterlikör)

Wenn das Cremeeis formbar ist, eine runde Gefrierschüssel (etwa 1,25 Liter) 1,5 Zentimeter dick damit auslegen und 45 Minuten einfrieren. Dann eine Lage Pistaziensahneeis einfüllen und weitere 45 Minuten einfrieren.

Die Biskuitecken oder Löffelbiskuits mit einem Backpinsel mit Rum tränken und nebeneinander auf das Pistaziensahneeis legen. Die gehackte Schokolade unter das Cassata-Parfait heben und die Eistorte damit füllen. Mit einer Schicht Pistaziensahneeis und einer Schicht Cremeeis bedecken, glatt streichen, mit Frischhaltefolie abdecken und über Nacht einfrieren.

1 Stunde und 40 Minuten vor dem Servieren den Behälter vorsichtig in heißes Wasser tauchen und die Eistorte aus der Form nehmen. Dazu die Schüssel abtrocknen und das Eis mit einem festen Schlag auf einen Teller stürzen. Geschmolzenes Eis am Boden wegwischen und 90 Minuten einfrieren.

Aus dem Gefriergerät nehmen und etwa 10 Minuten in den Kühlschrank stellen. Auf eine Tortenplatte legen, in sechs Stücke schneiden und servieren.

Semifreddo di Tiramisù

HALBGEFRORENES TIRAMISÙ

In allen Gelaterien wird dieses berühmte italienische Dessert als Eis serviert. Ich führe es unter den Eisdesserts auf, weil Eis mit Zabaione und Mascarpone gemischt und dann gefroren wird. Bei der richtigen Gefrierzeit hat dieses Halbgefrorene die richtige Struktur – es ist weich und wird mit zarten Löffelbiskuits abgerundet.

Für 8 Personen

Für die Zabaione

160 g extrafeiner Zucker

160 ml Wasser

4 Eigelb

6 EL Marsala

250 g Mascarpone

Cremeeis (1 Menge des Rezeptes auf Seite 78)

80 ml Espresso

25 g extrafeiner Zucker

1 EL Marsala

12 Löffelbiskuits

Zum Servieren

Kakaopulver zum Bestäuben, gesiebt

50 g zimmerwarme Zartbitter- oder Halbbitterschokolade

Panna montata (locker geschlagene Sahne)

Für die Zabaione Zucker und Wasser in einem Stieltopf 4 Minuten leicht erhitzen, bis sich der Zucker gelöst hat. Den Topf schwenken, damit am Boden verbliebene Zuckerkristalle verschwinden. Die Mischung weiter zum Kochen bringen, bis auf einem Zuckerthermometer 121 °C erreicht sind.

Eigelb und Marsala in einer hitzebeständigen Schüssel verschlagen. Die Schüssel dazu über einen Topf mit kochendem Wasser setzen, ohne dass das Wasser die Schüssel berührt. (Bei Verwendung eines Rührgeräts das Kabel über den Arm legen, damit es nicht mit der heißen Herdplatte in Berührung kommt.) Langsam und gleichmäßig den heißen Sirup einrühren. Dann weiter verschlagen, bis sich das Volumen verdoppelt hat und die Rührbesen eine deutliche Spur hinterlassen, wenn man sie herausnimmt. Die Schüssel aus dem heißen Dampf nehmen und in eine andere Schüssel mit kaltem Wasser stellen. Schlagen, bis die Masse abgekühlt und noch steifer geworden ist. 30 Minuten im Kühlschrank abkühlen lassen.

Nach und nach das Cremeeis in den Mascarpone einrühren. Die abgekühlte Zabaione unterheben. Nach Anleitung des Herstellers mit einer Eismaschine oder nach der Methode auf Seite 19 rühren, bis die Creme gefroren ist (gegebenenfalls in zwei Hälften verarbeiten). Die Masse hat die richtige Konsistenz, wenn sie nach der Verarbeitung in der Eismaschine 3 Stunden oder bei der manuellen Methode 2 Stunden nach dem letzten Rührvorgang eingefroren war.

Espresso und Zucker in einem Topf leicht erhitzen, bis sich der Zucker gelöst hat, dann abkühlen lassen. Den Marsala einrühren und bis zur Weiterverarbeitung in den Kühlschrank stellen.

¹/₃ der Eismischung in einen großen Gefrierbehälter (mindestens 1,5 Liter) füllen. Die Hälfte der Löffelbiskuits einzeln in den Espressosirup tauchen, abtropfen lassen und auf das Eis legen. Ein weiteres Drittel der Eismischung einfüllen und mit den restlichen Löffelbiskuits belegen. Mit einer Lage Eis abschließen. 3 Stunden einfrieren. Wenn das Dessert länger gefroren war und zu hart geworden ist, etwa 30 Minuten vor dem Servieren im Kühlschrank antauen lassen.

Mit Kakao bestäuben und mit dem Schälmesser Schokoladenraspeln auflegen. Mit einer Sahnehaube servieren.

Parfait di Agrumi e Zafferano

ZITRUSPARFAIT MIT SAFRAN

Sie können dieses Parfait in kleinen Gläsern gefrieren. Ich serviere es allerdings gerne direkt aus dem Gefrierschrank. Die enthaltenen Zutaten sorgen dafür, dass es nicht zu hart wird, sodass man jederzeit ein erfrischendes, cremiges Dessert parat hat.

Für 6–8 Personen

1 Limone
1 Zitrone
150 g extrafeiner Zucker
75 ml Wasser
2 Eiweiß
150 ml Crème double
¼ TL Safranfäden, mit 2 TL
    kochendem Wasser über-
    gossen und 1 Stunde darin
    eingeweicht

Limone und Zitrone auspressen, in einer großen Schüssel 50 Gramm Zucker in den Saft rühren und beiseite stellen. Den restlichen Zucker mit Wasser in einem kleinen Stieltopf etwa 4 Minuten leicht erhitzen, bis sich der Zucker gelöst hat. Den Topf schwenken, damit am Boden verbliebene Kristalle verschwinden. Stärker erhitzen, bis auf einem Zuckerthermometer 116 °C erreicht sind.

In der Zwischenzeit das Eiweiß in einer sauberen Schüssel steif schlagen. Vorsichtig den heißen Sirup einrühren (nicht auf die Rührbesen gießen) und etwa 6 Minuten verquirlen, bis die Masse abgekühlt ist. Im Kühlschrank erkalten lassen.

Crème double in die Zitrusmasse einrühren und leicht steif schlagen. Mit einem großen Metalllöffel die abgekühlte Eimasse vorsichtig unter die Zitrussahne heben – sie darf nicht zusammenfallen.

In einen Gefrierbehälter füllen und den Safran leicht unterheben, sodass eine ungleichmäßige Gelbfärbung entsteht. Nicht zu stark mischen. Zugedeckt mindestens 4 und höchstens 24 Stunden einfrieren. Herausnehmen und direkt servieren.

Hinweis: Wenn Sie ein Parfait ohne Safranfäden wünschen, können Sie die Fäden zuvor mit einer Prise Zucker im Mörser fein zermahlen.

Spumone di caffè

EISBOMBE »KAFFEE«

Spumone *wird in einem* stampo da spumone *– einer speziellen Eisbombenform mit Deckel – hergestellt. Eisbomben haben eine typische halbkugelige Form und bestehen aus einer Eishülle mit einer speziellen Füllung.*

Für 6 Personen

Cremeeis ($^1/_2$ Menge des
   Rezeptes auf Seite 78),
   gefroren, leicht im Kühlschrank angetaut
Kaffeecremeeis ($^1/_2$ Menge des
   Rezeptes auf Seite 84),
   gefroren, leicht im Kühlschrank angetaut
35 g getrocknete Feigen, in
   Stücke geschnitten
35 g entsteinte getrocknete
   Aprikosen, in Stücke
   geschnitten
15 g Pistazien, grob gehackt
Cassata-Parfait ($^1/_2$ Menge des
   Rezeptes auf Seite 124) ohne
   kandierte Früchte, gefroren

Für die Espressosauce
250 g extrafeiner Zucker
125 ml starker Espresso
2 EL Haselnusslikör
   (Frangelico)

Die Zutaten für die Espressosauce in einem Topf etwa 4 Minuten leicht erhitzen, bis sich der Zucker gelöst hat. Stärker erhitzen und köcheln lassen, bis ein zäher Sirup entsteht. Abkühlen lassen und bis zur Weiterverarbeitung in den Kühlschrank stellen.

Wenn das Cremeeis formbar ist, eine Eisbombenform oder eine runde Schüssel (1,25 l) etwa 1,5 Zentimeter dick damit auslegen und 45 Minuten einfrieren. Dann eine Lage Kaffeecremeeis einfüllen und weitere 45 Minuten einfrieren. Die geschnittenen Trockenfrüchte und die Pistazien unter das Cassata-Parfait heben und die Eisbombe damit füllen. Glatt streichen und mit Frischhaltefolie abgedeckt über Nacht einfrieren.

1 Stunde und 40 Minuten vor dem Servieren den Behälter vorsichtig in heißes Wasser tauchen und die Eistorte aus der Form nehmen. Dazu die Schüssel abtrocknen und das Eis mit einem festen Schlag auf eine kleine Platte stürzen. Geschmolzenes Eis am Boden wegwischen und $1^1/_2$ Stunden einfrieren.

Herausnehmen und etwa 10 Minuten in den Kühlschrank stellen. Auf einen Servierteller legen, in sechs Stücke schneiden und mit Espressosauce servieren.

BAISER-EISTORTE

Auch bei diesem Rezept passt Zartbitterschokolade sehr gut als Ausgleich zum süßen Baiser. Italienische Eiskonditoren verwenden meist süßere Schokoladensorten.

Für 6–8 Personen

250 g Mascarpone
25 g extrafeiner Zucker
100 g feine Zartbitter- oder
    Halbbitterschokolade
150 ml Crème double
2 EL Grappa
75 g Walnüsse, grob gehackt
100 g Orangetten (mit Scho-
    kolade überzogene kandierte
    Orangen), gehackt

Für das Baiser
3 Eiweiß
1 Prise Salz
175 g extrafeiner Zucker
Kakaopulver zum Bestäuben

Den Ofen auf 140 °C vorheizen. Auf ein Backpapier drei Kreise mit etwa 18 Zentimeter Durchmesser zeichnen. Die Backpapiere umdrehen und auf Backbleche legen.

Zunächst für das Baiser Eiweiß und Salz in einer großen, fettfreien Schüssel sehr steif schlagen. Den Zucker löffelweise gut unterrühren, bis das Baiser glänzend und steif ist. Je ein Drittel der Masse gleichmäßig bis zu den gezogenen Linien auf die Backbleche streichen. 30 Minuten backen, vorsichtig umdrehen und weitere 10 Minuten backen.

Mascarpone und Zucker in einer großen Schüssel verquirlen. Die Schokolade in einer hitzebeständigen Schüssel über einem Topf mit heißem Wasser schmelzen. Vom heißen Topf nehmen und 15 Minuten abkühlen lassen, dann unter den Mascarpone heben.

Die Sahne mit dem Grappa in einer Schüssel schlagen, bis eine deutliche Spur zurückbleibt, wenn die Rührbesen herausgezogen werden. Die Sahne unter die Mascarponemasse heben. Ein Drittel davon abnehmen und in den Kühlschrank stellen. Unter den Rest die Nüsse und Orangenstücke rühren.

Eine Baiserscheibe in eine Springform mit 18 Zentimeter Durchmesser legen, dann eine Schicht Nussmascarpone einfüllen. Weiter abwechselnd einschichten, zuletzt die dritte Baiserscheibe. Wenn das Baiser bricht, einfach zusammensetzen – die oberste Scheibe sollte jedoch intakt sein. Über Nacht einfrieren.

Auf eine Platte geben und den Rand mit der beiseite gestellten Mascarponemasse bestreichen. 30 Minuten einfrieren. 15 Minuten vor dem Servieren in den Kühlschrank stellen. Mit Kakao bestäuben.

Pezzi Duri

EISSCHNITTEN

Pezzi duri bedeutet wörtlich »harte Stücke«, man kannte sie bereits im 18. Jahrhundert. Als Block hergestelltes Eis wurde in Scheiben geschnitten und wie Bonbons in Wachspapier eingeschlagen. Eine beliebige Anzahl verschiedener Eis- oder Sorbetsorten wurde zwischen zwei feste Lagen Cremeeis geschichtet – die Vorläufer der Pückler-Schnitte. Ich serviere die Schnitten mit einigen Löffeln Sorbet, das auch in dem Block enthalten ist.

Für 6–8 Personen

Cremeeis ($^1/_2$ Menge des
    Rezeptes auf Seite 78)
Mangosorbet ($^1/_2$ Menge des
    Rezeptes auf Seite 53)
Himbeersorbet ($^1/_2$ Menge des
    Rezeptes auf Seite 48)

Eine Kastenform für 1 Kilogramm (26 x 8 x 8 cm) mit Frischhaltefolie bis in die Ecken auskleiden.

Das in der Eismaschine oder nach der manuellen Methode gefrorene Eis oder Sorbet muss die im Rezept angegebene Zeit gefroren sein.

Die Kastenform zu einem Drittel mit Cremeeis füllen und den Rest für später einfrieren. Einen Spritzbeutel mit 1,5 Zentimeter Tüllendurchmesser mit Mangosorbet füllen, den Spritzbeutel nur am oberen Ende anfassen, und längs auf das Cremeeis zwei Streifen Mangosorbet spritzen. 30 Minuten einfrieren. In der Zwischenzeit den Spritzbeutel waschen und trocknen lassen.

Zwischen die Mangostreifen Cremeeis füllen. Mit etwa der Hälfte des restlichen Cremeeises bedecken. Weitere 10 Minuten einfrieren. Den sauberen und trockenen Spritzbeutel mit 1,5 Zentimeter Tüllendurchmesser mit Himbeersorbet füllen und wie mit dem Mangosorbet verfahren. 30 Minuten einfrieren.

Cremeeis zwischen die Himbeerstreifen füllen, den Rest darüber verteilen und glatt streichen. Mit Frischhaltefolie abdecken und über Nacht einfrieren.

Die Form kurz in heißes Wasser tauchen, abtrocknen und das Eis mit einem kräftigen Schlag auf eine Kuchenplatte stürzen. Die Frischhaltefolie abziehen, weitere 30 Minuten einfrieren und dann in Scheiben schneiden.

Neapolitan

FÜRST-PÜCKLER-EIS

Das Fürst-Pückler-Eis (die Pückler-Schnitte) war die Erfindung eines Berliner Konditors namens Schultz im 19. Jahrhundert – damals war Fürst Pückler in Mode. Das Eis orientierte sich optisch an den Farben des fürstlichen Familienwappens: Schwarz, Gelb und Rot. In Amerika führt man diese Eisbombe auf das italienische spumone *zurück, das neapolitanische Eiskonditoren im selben Jahrhundert dort eingeführt haben, und nennt es daher »Neapolitan«. Ich habe hier meine Lieblingssorten angegeben, Sie können aber je nach Ihrem Geschmack auch andere Sorten kombinieren.*

Für 6–8 Personen

Pistaziensahneeis (¹/₂ Menge des Rezeptes auf Seite 103)

Cremeeis (¹/₄ Menge des Rezeptes auf Seite 78)

Erdbeersahneeis (¹/₂ Menge des Rezeptes auf Seite 80)

Eine Kastenform für 1 Kilogramm (19 x 12 x 8,5 cm hoch) leicht einfetten und mit Frischhaltefolie bis in die Ecken auskleiden.

Das in der Eismaschine oder nach der manuellen Methode gefrorene Eis muss die im Rezept angegebene Zeit gefroren sein. Wenn eine Sorte zu hart geworden ist, die im Rezept angegebene Zeit im Kühlschrank antauen lassen.

Das Pistaziensahneeis in einer etwas weniger als 3 Zentimeter dicken Lage gleichmäßig in die vorbereitete Form füllen und etwa 15 Minuten einfrieren. Das Cremeeis gleichmäßig darauf verteilen und 30 Minuten einfrieren. Schließlich das Erdbeersahneeis gleichmäßig auf das Cremeeis schichten und glatt streichen. Mit Frischhaltefolie abdecken und über Nacht einfrieren.

Die Form kurz in heißes Wasser tauchen, abtrocknen und das Eis mit einem kräftigen Schlag auf eine Kuchenplatte stürzen. Für 30 Minuten in den Gefrierschrank stellen. Bereits in Scheiben geschnitten servieren.

Parfait di Zabaione

ZABAIONEPARFAIT

In den Sommermonaten serviere ich dieses Dessert mit vollreifen Himbeeren, und im Herbst und Winter schäle ich Birnen und pochiere sie mit Stiel in Marsalasirup. Es wird auch für das tripolino *unten benötigt.*

Für 6–8 Personen

3 Eigelb
50 g extrafeiner Zucker
50 ml Marsala
250 ml Schlagsahne

Zucker und Eigelb in einer Schüssel verquirlen, bis die Masse hell wird, dann den Marsala unterrühren. Die Schüssel über einen Topf mit kochendem Wasser setzen, ohne dass das Wasser die Schüssel berührt. So lange schlagen, bis sich das Volumen verdoppelt und die Masse steif geworden ist. In eine flache Schüssel mit kaltem Wasser stellen und unter Rühren abkühlen lassen. 10 Minuten kalt stellen.

Die Sahne in einer Schüssel schlagen, bis sie die gleiche Konsistenz hat wie die Eiercreme, dann vorsichtig miteinander vermischen. 4 Stunden in den Gefrierschrank stellen. Wenn das Parfait zu hart geworden ist, den Deckel abnehmen und 10 Minuten vor dem Servieren im Kühlschrank antauen lassen.

TRIPOLINO

In der Gelateria Petrini in der Piazza dell'Alberone in Rom habe ich dieses leckere tripolino *entdeckt. Einer der besten Eiskonditoren Italiens, Mauro Petrini, berichtet, sein Vater habe dieses Eis so benannt, weil es den Tripoliner Soldatenhüten ähnlich sieht. Meine Version seines Rezepts besteht aus Zabaioneparfait, das in kleinen Formen hergestellt und dann in dunkle Schokolade getaucht wird.*

Ergibt 18 Stück

Zabaioneparfait (1 Menge
   siehe Rezept oben)
300 g Zartbitter- oder Halbbitterschokolade
Souffléförmchen

Die Zabaionemasse in Souffléförmchen (à 50 ml) einfüllen, größere Formen nicht weiter als bis zur 50-ml-Marke füllen. Dann über Nacht einfrieren.

Wenn die Masse gefroren ist, Holzstiele oder Zahnstocher in heißes Wasser tauchen und in die Eismasse stecken. Dann für eine weitere Stunde einfrieren.

Die Formen 2 Sekunden lang in heißes Wasser tauchen, abtrocknen und die Eiszylinder an den Holzstielen herausziehen. Auf einer mit Wachspapier ausgekleideten Platte erneut einfrieren.

Die Schokolade in eine schmale hitzebeständige Schüssel bröckeln (sodass die geschmolzene Schokolade hoch genug ist, um die *tripolini* einzutunken) und über einem Topf mit heißem Wasser schmelzen, ohne dass die Schüssel das Wasser berührt. Vom Topf nehmen und etwas abkühlen lassen, die Schokolade muss noch flüssig sein.

Die *tripolini* am Holzstiel einzeln oben und an den Seiten in die abgekühlte Schokolade tauchen und abtropfen lassen. Die *tripolini* einzeln auf die Hand nehmen, und die Stiele nach unten herausziehen. Mit einem Schabmesser auf eine andere mit Wachspapier ausgelegte Platte legen und bis zum Servieren einfrieren.

Conchiglia d'Arancia con Meringa

ORANGENSCHALE MIT BAISER

Dieses Rezept führt mit wenig Aufwand zu einem besonders schönen Dessert, das man sehr gut für eine Party vorbereiten kann. Die Orangenschalen werden bereits mit dem Sorbet eingefroren.

Für 8 Personen

1 Rohmasse Baiserblätter
(siehe Rezept Seite 153)

Orangenblütensorbet (1 Menge
siehe Rezept Seite 45)

8 Orangenschalen, bei der
Herstellung des Orangen-
blütensorbets eingefroren
(siehe Seite 45)

Ein Backblech mit Alufolie auslegen und einen Spritzbeutel mit 1,5-Zentimeter-Sterntülle mit der Hälfte der Baisermasse füllen. Acht Baiserhütchen auf die Folie spritzen. Die Rohmasse lässt sich 6 Stunden im Kühlschrank aufbewahren (siehe Tipp unten für die restliche Baisermasse).

Die gefrorenen Orangenschalen mit dem Sorbet füllen und 6 Stunden oder über Nacht einfrieren.

Die Baisers vor dem Servieren unter dem Grill bräunen. Achtung: Die Spitzen werden schnell braun!

Die mit Sorbet gefüllten Orangenschalen aus dem Gefrierschrank nehmen und mit einem Schabmesser je ein Baiserhütchen aufsetzen. Das Baiser ist unten etwas weich, der Vorgang ist aber nicht schwierig. Sofort servieren.

Tipp: Aus der restlichen Baisermasse kleine Plätzchen auf ein Backblech spritzen und im vorgeheizten Backofen bei 120 °C etwa 1 Stunde backen. Vollständig abkühlen lassen und in einem luftdichten Behälter aufbewahren.

ZUCCOTTO

Claudia Corsi von der Gelateria Combattenti in San Gimignano hat mich in die Herstellung dieses üppigen Trifle eingeweiht. Der zuccotto *ist ursprünglich in der Florentiner Küche beheimatet und erinnert mit seiner Kuppelform an die dortige Kathedrale. Im toskanischen Dialekt ist* zuccotto *die Bezeichnung für den Kardinalshut.*

Für 8 Personen

Italienischer Biskuit (1 Menge
    des Rezeptes auf Seite 154)
6 EL *Strega* (ital. Kräuterlikör)
Schokoladencremeeis
    (¹/₃ Menge des Rezeptes auf
    Seite 119), gefroren und
    wenn nötig kurz im Kühl-
    schrank angetaut
Haselnusssahneeis (¹/₂ Menge
    des Rezeptes auf Seite 100),
    gefroren und wenn nötig
    kurz im Kühlschrank
    angetaut
10 Amarenakirschen oder
    andere Kirschen in Sirup,
    abgetropft und entsteint
Cassata-Parfait (¹/₂ Menge des
    Rezeptes auf Seite 124)

Eine Gefrierschüssel (1,25 Liter) mit Frischhaltefolie auslegen und diese zum Bedecken überstehen lassen. Der Biskuit wird fast ganz benötigt. In Dreiecke schneiden, die groß genug sind, um die Schüssel damit auszulegen (es muss nicht exakt passen) und mit einem Backpinsel von beiden Seiten den *Strega* auftragen. Die getränkten Biskuitecken mit der Unterseite des Biskuits nach außen in die Schüssel einlegen.

Wenn das Schokoladencremeeis formbar ist, den Biskuit gleichmäßig mit einer 1,5 Zentimeter dicken Lage bedecken und 1 Stunde einfrieren. Dann eine Lage Haselnusssahneeis einfüllen und weitere 45 Minuten einfrieren.

Die Mitte mit den Kirschen füllen und mit dem Cassata-Parfait abschließen. Mit der überstehenden Frischhaltefolie bedecken. Über Nacht einfrieren.

Die Schüssel vorsichtig in heißes Wasser tauchen, um das Eis zu lösen. Die Schüssel abtrocknen, die Frischhaltefolie abziehen und den *zuccotto* mit Hilfe der Frischhaltefolie auf eine kleine Tortenplatte stürzen. Die Folie abziehen und geschmolzenes Eis am Boden wegwischen. Weitere 10 Minuten einfrieren, dann zum Servieren aufschneiden.

GARNIERUNG

Chiacchere

KNUSPERWAFFELN

Dieses knusprige Gebäck eignet sich sehr gut als Eisgarnierung. In Rom wird es frappe *genannt. Die Herstellung ist simpel; in Italien wird es meist in Rechtecke geschnitten.*

Ergibt etwa 28 Stück

Sonnenblumenöl zum Frittieren von 4 frischen, in jeweils
7 Stücke geschnittenen
Lasagneteigplatten
Puderzucker zum Bestäuben

Das Öl in einer Friteuse auf 190–200 °C erhitzen, oder einen Bräter mit 2–5 Zentimeter Öl füllen und die Temperatur immer wieder regulieren, damit das Fett nicht zu heiß wird. Etwa fünf Lasagnestücke gleichzeitig 1 Minute frittieren, bis sie Blasen bilden und knusprig werden.

Auf Küchenpapier trocknen lassen und mit Puderzucker bestäuben, wenn sie ausgekühlt sind. Sie lassen sich bis zu 2 Tage in einem luftdichten Behälter lagern. Dann den Puderzucker direkt vor dem Servieren überstäuben.

Riccioli di Pera e di Mela

BIRNEN- UND APFELCHIPS

Ergibt etwa 24 Chips

3 reife Birnen oder 6 rot-
schalige Äpfel
125 g extrafeiner Zucker
100 ml Wasser

Den Ofen auf 120 °C vorheizen und zwei Backbleche mit Backpapier auslegen.

Die Birnen längs oder die Äpfel quer in feine Scheiben hobeln. Zucker und Wasser in einer Kasserolle leicht erhitzen, bis sich der Zucker gelöst hat. Stärker erhitzen und 3 Minuten kochen lassen. Vom Herd nehmen und die Obstscheiben 2 Minuten in den Sirup einlegen, dann mit einem Pfannenheber herausnehmen und abtropfen lassen. Die Obstscheiben auf die vorbereiteten Backbleche legen und etwa 2 Stunden im Ofen trocknen lassen. Nach der Hälfte der Zeit wenden – nicht braun werden lassen. Den Ofen ausstellen, wenn die Scheiben braun zu werden beginnen.

Sind die Scheiben getrocknet, auf einem Rost abkühlen lassen. Sie werden knusprig, sobald man sie herausnimmt.

Bianchini

HASELNUSSBAISERS

Bianchini bedeutet »kleine Weiße«. Man kann die Baisers zerstoßen unter eine Eisroh-masse heben oder als Sorbet servieren. Sie sind im luftdichten Behälter 1 Woche haltbar.

Ergibt etwa 30 Stück

3 große Eiweiße
1 Prise feines Meersalz
200 g extrafeiner Zucker
50 g geröstete Haselnüsse, fein
    gehackt

Den Ofen auf 140 °C vorheizen.

Eiweiß und Salz in einer sauberen, fettfreien Schüssel steif schlagen. Den Zucker löffelweise zugeben, nach jedem zweiten Löffel gut auf-schlagen. Die Haselnüsse vorsichtig unterheben, damit der Eischnee nicht zusammenfällt.

Die Masse in einen Spritzbeutel mit 2 Zentimeter Tüllendurchmesser füllen und in kleine Papier-Backförmchen spritzen. 30 Minuten backen, die Temperatur dann auf 130 °C verringern und weitere 15 Minuten backen. Zum Abkühlen auf einen Metallrost legen.

Croccante

KROKANT

Krokant kann man sehr dekorativ auf Eis bröckeln oder fein gemahlen einer Eismi-schung zufügen. Wenn Sie es Eis untermischen, ziehen Sie die verwendete Zuckermenge einfach von der im Eisrezept angegebenen Menge ab.

Ergibt 1 Platte von 20 cm

125 g extrafeiner Zucker
3 EL Wasser
125 g geröstete Pinienkerne,
    Mandeln, Haselnüsse oder
    Pistazien

Ein Backblech mit Alufolie auslegen. Zucker und Wasser in einem kleinen Topf etwa 4 Minuten leicht erhitzen, bis sich der Zucker gelöst hat. Den Topf schwenken, damit am Boden verbliebene Kristalle ver-schwinden. Stärker erhitzen und den Sirup kochen lassen, bis er hell-braun wird. Die Kerne oder Nüsse zugeben und untermischen. Auf das vorbereitete Backblech füllen und 40 Minuten abkühlen lassen.

In Stücke brechen; im luftdichten Behälter ist der Krokant bis zu 1 Monat haltbar.

Zuppiera di Ghiaccio

GEFRORENE SCHALE

Bei den extravaganten Banketten im Hause Medici durften aus Eis gefertigte Schalen nicht fehlen. Diese Kunstwerke wurden in doppelwandigen Zinnformen hergestellt. Die innere Form war kleiner als die äußere, und in den Zwischenraum wurde die Flüssigkeit gefüllt, die gefroren werden sollte. Diese Formen wurden dann in einen mit einer Kältemischung aus Schnee und Salz gefüllten Behälter gestellt und mit der Kältemischung umgeben. Die Konstruktion wurde in Kühlkeller gestellt, bis die Schalen fest gefroren waren. Am Boden waren die Behälter mit Löchern versehen, damit geschmolzener Schnee abfließen konnte, von oben wurde regelmäßig die Kältemischung nachgefüllt. Die Eiskünstler waren erfinderisch.
Sie können in diese Schalen direkt Sorbet füllen oder ein Likörglas mit Sorbet füllen und mit zerstoßenen Eiswürfeln in die Schale stellen. Verwenden Sie der Jahreszeit entsprechend Blüten und Blätter aus dem Garten. Man kann die Schalen bereits Monate im Voraus herstellen und für einen besonderen Anlass aus der Form nehmen.

2 Gefrierschüsseln (die innere
2,5 cm kleiner als die äußere.
Ich habe außen eine
1,5-l-Schüssel und innen
eine 700-ml-Schüssel
verwendet.
Abdeckband
Blüten, Kräuter oder Blätter
nach Wahl
Holzspieß
Sauberes Tuch zum Stürzen

Die größere Schüssel mit etwas Wasser füllen, sodass die kleinere darauf schwimmt. Mit Abdeckband die beiden Schüsseln so fixieren, dass zwischen ihnen ein gleichmäßiger Abstand entsteht. Blüten, Kräuter oder Blätter mit dem Holzspieß in das Wasser zwischen den Schüsseln schieben. 1 Stunde einfrieren, um die Blüten zu fixieren.

Mit Wasser auffüllen und weitere Blüten hineinschieben. Über Nacht einfrieren. Der Prozess lässt sich beschleunigen, wenn man die innere Schüssel mit Eiswürfeln füllt.

Zum Stürzen warmes Wasser in die kleine Schüssel füllen und diese mit einem sauberen Tuch herausnehmen. Die größere Schüssel kurz in warmes Wasser tauchen und abziehen. Bis zum Servieren wieder in den Gefrierschrank stellen.

Tipp: Nur Pflanzen verwenden, die nicht mit Pflanzenschutzmitteln behandelt wurden. Wenn die Eisschüsseln aus dem Gefrierfach genommen wurden, halten sie bei Zimmertemperatur etwa 1 Stunde. Wenn man sie auf eine Platte stellt, die vorher im Gefrierschrank stark gekühlt wurde, halten sie noch länger.

BISCOTTI

Sie können anstelle der Pistazien auch Mandeln oder Pinienkerne oder eine Mischung verwenden. Für Schokoladen-Biscotti einfach 25 Gramm Kakaopulver hinzufügen und nur 225 Gramm Mehl verwenden.

Ergibt 40 dünne oder
  25–30 dicke Biscotti

250 g Mehl
175 g extrafeiner Zucker
1 Prise Salz
¹/₂ TL Backpulver
1 TL Anis
75 g geriebene Mandeln
150 g gehackte Pistazien
2 Eier, leicht verschlagen
1 TL Vanilleextrakt

Den Ofen auf 200 °C vorheizen. Ein Backblech leicht bemehlen. Alle trockenen Zutaten mit einem Kochlöffel in einer großen Schüssel vermengen, Eier und Vanilleextrakt einrühren. Einige Minuten zu einem geschmeidigen Teig verkneten. Den Teig halbieren und zwei Rollen mit 4 Zentimeter Durchmesser formen. Die Rollen auf das vorbereitete Backblech legen und 30 Minuten backen. Wenn sie zu stark bräunen, die Temperatur verringern. Die Rollen 25 Minuten auf einem Rost abkühlen lassen.

Je nach gewünschter Größe in dünne oder dicke Scheiben schneiden und auf zwei Backbleche legen. Etwa 10 Minuten backen, bis sie hart aber nicht braun sind. Gegebenenfalls die Ofentemperatur verringern. Abkühlen lassen; die Biscotti sind in einem luftdichten Behälter bis zu 2 Wochen haltbar.

Sete al Liquore

MARINIERTE GRANATAPFELKERNE

In Apulien nennt man den Granatapfelkern seta, *Seide. Garnieren Sie damit zum Beispiel das Sorbet auf Seite 71.*

Für 8 Personen

3 mittelgroße Granatäpfel
3 EL extrafeiner Zucker
3 EL Limoncello oder Orangenlikör, beispielsweise Cointreau

Die Kerne aus den Granatäpfeln lösen und in eine Schüssel geben. Den Likör mit dem Zucker vermischen und über die Kerne gießen. Etwa 1 Stunde marinieren.

Foglio di Meringa Italiana

BAISERBLÄTTER

Für eine meringa italiana *wird heißer Zuckersirup in Eischnee eingerührt, sodass ein sehr fester Schaum entsteht. Die Baiserblätter sind in einem luftdichten Behälter etwa 1 Monat haltbar. Nehmen Sie die Blätter erst kurz vor dem Servieren aus dem Behälter, da sie schnell Feuchtigkeit ziehen und klebrig werden.*

Ergibt 16 Stück

125 g extrafeiner Zucker
4 EL Wasser
2 Eiweiß

Den Ofen auf 130 °C vorheizen.

Zucker und Wasser in einem Topf leicht erhitzen, bis sich der Zucker gelöst hat, dann stärker erhitzen und kochen, bis 121 °C erreicht sind.

In der Zwischenzeit das Eiweiß in einer sauberen Schüssel steif schlagen. Den heißen Sirup unter ständigem Rühren in einem gleichmäßigen Strahl dem Eischnee zufügen. Weiterschlagen, bis die Masse abgekühlt und sehr steif ist.

3 Backbleche mit Backpapier belegen und die Masse mit einem Teigschaber in kleinen Rechtecken von etwa 15 x 7 Zentimeter flach auftragen. Sie dürfen ruhig uneben und unterschiedlich groß sein, das macht ihren Reiz aus.

40 Minuten backen, bis die Baiserblätter leicht gelblich werden. Sie scheinen erst noch weich zu sein, härten jedoch beim Abkühlen aus. Vorsichtig ein Baiserblatt nach dem anderen vom Backpapier lösen. Wenn sie kleben, weitere 5 Minuten backen.

Die Blätter lassen sich 1 Monat in einem luftdichten Behälter lagern.

Pan di Spagna

ITALIENISCHER BISKUIT

Dieser klassische fettfreie Biskuit wird bei vielen italienischen Desserts verwendet. Er bildet den Boden für den zuccotto (siehe Seite 145). Sie können auch Eis und Biskuit übereinanderschichten, in Scheiben schneiden und als süßes Sandwich kurz einfrieren.

Ergibt 1 Biskuitboden

3 Eier, getrennt
125 g extrafeiner Zucker
1/2 TL reine Vanilleessenz
75 g Mehl
1 Prise Salz

Den Ofen auf 190 °C vorheizen. Eine Biskuitrollenform (26 x 38 cm, 1,5 cm hoch) mit Backpapier auslegen.

Eigelb mit der Hälfte des Zuckers verquirlen, bis die Masse steif wird. Die Vanilleessenz zufügen und gut unterrühren. Das Mehl nach und nach in kleinen Portionen über die Eimasse sieben und mit einem Metalllöffel vorsichtig unterheben.

Eiweiß und Salz in einer sauberen Schüssel steif schlagen. Den restlichen Zucker löffelweise unterrühren, bis die Masse steif und glänzend ist. Etwas Eischnee unter den Teig heben, um ihn zu lockern, dann vorsichtig den restlichen Eischnee unterheben. In die vorbereitete Form füllen, glatt streichen und in 15 Minuten zu einem weichen Biskuitboden backen.

Biskuit auf ein frisches Stück Backpapier stürzen und auf einem Rost abkühlen lassen (kurz das Papier anheben, damit er nicht klebt). Wenn er nicht direkt benötigt wird, in Backpapier und dann in Frischhaltefolie einschlagen und einfrieren. Vor der Verwendung 30 Minuten ohne Verpackung bei Zimmertemperatur auftauen lassen.

Cubetti di Ghiacchio

EISWÜRFEL

Jedes beliebige Eis, Sorbet oder ein nach Geschmack gesüßter Saft lässt sich in Eiswürfelformen einfrieren (siehe rechtes Bild). Sie können die Eiswürfel ganz, zerstoßen in Getränken oder zerkleinert in einem Frappé verwenden.

REGISTER

BEZUGSQUELLEN

Küchenhelfer

Eismaschinen
www.haushaltscout.de
Bietet eine große Auswahl an Eis-
maschinen verschiedener Hersteller.

Eisportionierer
www.eisrausch.com
Neben Eisportionierern sind auch
ausgefallene Produkte rund ums
Eis erhältlich.

Ice crusher
www.wohndesignshop.de
Exklusive Ice Crusher zum
Bestellen.

Zutaten

Himbeerlikör
www.obstbrennerei.de
Verschiedene prämierte Liköre,
die aus eigener Herstellung sind.

Orangen- und Zitronenschalen
www.naturideen.de
Bestellmöglichkeit von Orangen-
und Zitronenschalen und anderen
Gewürzspezialitäten.

Orangenblütenwasser
www.avedanta.com
Bio-Blütenwasser, die zum
Kochen geeignet sind.

Rosenwasser
Ist in Apotheken oder in Geschäf-
ten mit orientalischem Lebens-
mittelangebot erhältlich.

Schokolade
www.theobroma-cacao.de
Hier findet man umfassende
Informationen rund um Schoko-
lade mit zahlreichen Verweisen zu
Schokoladenherstellern.

Torrone di Mandorle und Torrone di Pistacchi
www.deliwelt.de
Hier gibt es allerlei süße Speziali-
täten zum Bestellen.

Vernaccia San Gimignano – Vin Santo und Prosecco
www.vivinum.de
Weine aus aller Welt werden zum
Bestellen angeboten.

DANKSAGUNG

Viele Menschen haben mich bei diesem Buch tatkräftig unterstützt, ohne ihre Hilfe wäre es nicht zustande gekommen. Ihnen allen gilt mein herzlicher Dank.

An erster Stelle Ruth Prentice, die durch ihre Begeisterung für italienisches Eis den Anstoß für dieses Buch gegeben und mich bei der Arbeit unterstützt hat.
Jean Cazals für seine hervorragenden Fotos und die angenehme Zusammenarbeit. Er war von Anfang an von diesem Projekt überzeugt und hat es mit Begeisterung mitgetragen. Sowie Kate Oldfield, die das Projekt als Herausgeberin übernommen hat.

Ich danke allen, die mir bei der spannenden Recherche für das Buch und bei seiner Erstellung geholfen haben:
Sue Rowlands für das perfekte Design und Layout; Sergio Dondole, dem Besitzer der Gelateria di Piazza, 4 Piazza della Cisterna, San Gimignano; Mauro Petrini, dem *gelatiere* und Besitzer der Gelateria Petrini, Piazza dell'Alberone, Rom; Giorgia Petrini für das Dolmetschen; Nazzareno Giolitti von der Gelateria Giolitti, Via degli Uffici del Vicario, Rom; Claudia Corsi vom Caffè Combattenti, Via San Giovanni, San Gimignano; Ben Hirst von Necci dal 1924, Pigneto, Rom, für seine Großzügigkeit; dem Team von Anova: Emily Preece-Morrison, Anna Cheifetz, Lotte Oldfield; Clare Barber für ihre Unterstützung bei der Recherche; Karen Beattie von der Ice Cream Alliance für die Bearbeitung meiner zahllosen Anfragen. Paul Gayler, meinem Berater in allen kulinarischen Fragen; Philip Neal von Theobroma Cacao für die Beratung in Sachen Schokolade; Georgina und Lucy Dawson für ihre gestalterische Assistenz; Robin Weir, Co-Autor der letzten Fassung; Hamish Bain für Ermutigung und Unterstützung; Craig Olsen, der sogar in Neuseeland das Eis getestet hat; Gabriella Le Grazie für ihre große Hilfe bei der Übersetzung und Korrektur; Angela Boggiano; Mike Newton für sein Wissen über italienische Weine; Meinen Söhnen Dan und Ben und Yumi für das fleißige und begeisterte Probieren; Roisin Neald mit ihrem Sinn für Eis; Amanda Jensen Rolandini für ihre Hilfe; Massimo Pucci; Deborah Reeves.
Gelaterien: Doppia Coppia, Via Della Scala; Tre Scalini, Piazza Navona; Palazzo del Freddo di Giovanni Fassi, Via Principe Eugenio; Pellacchia dal 1900, Via Cola di Rienzo – alle in Rom. Luciano von Faubert's; Dan von Mortimer & Bennett; Andreas Georghiou & Co; Ugo Ginatta; Maria Bellachioma; Cecile Stern von Harrison Sadler; Amelia Ryde.

Aus dem Englischen übersetzt von Eva Korte
Redaktion: Volker Eidems für bookwise GmbH, München
Umschlaggestaltung: Cornelia Niere, Büro für Gestaltung, München

Copyright © 2008 der deutschsprachigen Ausgabe
Christian Verlag, München

www.christian-verlag.de

Die Originalausgabe mit dem Titel *Ices Italia* wurde erstmals 2007 im Verlag Pavilion Books, London, veröffentlicht.

Design und Layout © Pavilion, 2007
Text © Linda Tubby, 2007
Fotografie: Jean Cazals
Stylist: Sue Rowlands

Druck und Bindung: SNP Leefung
Printed in China

Alle deutschsprachigen Rechte vorbehalten.

ISBN 978-3-88472-804-8

HINWEIS
Alle Informationen und Hinweise, die in diesem Buch enthalten sind, wurden von der Autorin nach bestem Wissen erarbeitet und von ihr und dem Verlag mit größtmöglicher Sorgfalt überprüft. Unter Berücksichtigung des Produkthaftungsrechts müssen wir allerdings darauf hinweisen, dass inhaltliche Fehler oder Auslassungen nicht völlig auszuschließen sind. Für etwaige fehlerhafte Angaben können Autorin, Verlag und Verlagsmitarbeiter keinerlei Verpflichtung und Haftung übernehmen.

Korrekturhinweise sind jederzeit willkommen und werden gerne berücksichtigt.

…IORI GELATI D'ITALIA

…ZZO DEL FREDDO
GIOVANNI FASSI
…IPE EUGENIO TELEF. 71019

DELIZIOSA
RICCA DI PROPRIETÀ
NUTRIENTI E SALUBRI

PALAZZO DEL FREDDO
GIOVANNI FASSI
VIA PRINCIPE EUGENIO E. TELEF. 71019

Refrigerio e gio…
Portate al mare, ai monti, in ogni Vostra gita il
gelato Giuseppina - Tutte le persone previdenti
portatelo anche Voi!

Per qualunque informazione telefonate oggi ste…

Palazzo del Freddo - Giovan…
VIA PRINCIPE EUGENIO - Telef. 7…

OGGI
al PALAZZO DEL FREDDO
"Fata Bianca" in dono ai
bambini accompagnati.

IN ITALIA

TELEGELAT…
PUO' ESSERE PO…